心に気持ちのよい風を通す

自分の価値観をあたらしくしていく思考レッスン

SHOWKO《ショウコ》

大和書房

自分とはちがう価値観にふれたとき、どのように感じるだろうか。
私の場合、まずは観察してみることからはじめる。
そこに対抗したり、比べたりするのはひとまず置いておいて。
観察していると、今まで知らなかった世界に出会うことがある。

自分ではどうしようもない事態に直面したとき、どうするだろうか。

そんなときは、静かな場所に行き、感性をひらいて感じてみる。

すると、おのずと進むべき方向が見えてくることがある。

自分を変化させるチャンスは、本当は身近にあふれていて、

でも、私たちはそのことに気がつかずに、

うっかり見過ごしてしまうこともあるのだけれど。

より幸せな世界の解釈があるのではないか、
そう信じて、考えて続けていくこと。
思考することをあきらめないこと。
それは畑を耕したり、何かの守《も》りをしたりするのに似て、
長いあいだ向き合ってわかることでもある。

向き合い続けると、同じ景色でも、
なんだかちがうふうに見えてくる瞬間がある。
ずっと考えてきたことが、ある日、突如として答えに導かれる。
過去に体験した五感をもって、思考の限界を突破するのだ。
そうすると世界の解像度があがり、鮮明に見えてくる。
この世の中が、12色、24色、そしてもっとたくさんの中間色で
彩られていることに気づく。

それは、自分の中にあたらしい風を通すことにも似ている。

答えをすぐに求めず、曖昧なもの不確実なものを

そのまま受け入れて熟成させておく。

生きるために考えるのではなく、考えることそのものが生きること。

そんな道すがらの景色こそが、考える旅の本編なのだから。

さあ、豊かな思考の旅に出かけ、どのように景色が変わっていくか、

一緒に体験してみよう。

目次

1章

気づいたら武闘派だった私について

2章

「美しさ」について考える

3章

感性をひらくための思索

4章

合理性をはずしてみる

5章

年を重ねていく私

1章

気づいたら武闘派だった私について

気づけば、みんなみんな戦ってきた。
社会？　親？　まわりの人？
敵がわからぬまま、戦ってきたその肩の荷をおろして
「自分を受け入れる」第一歩のお話。

武闘派女子は押し入れから誕生した

巷《ちまた》には「頼れない委員会」という秘密結社があって、私は長年それに所属し、かつて理事をしていた。というのは冗談なのだけど、「頼れない」というのは、うまくパートナーに頼れない人だけではなく、部下に任せられない上司、親に頼れない子ども、友人に頼れない人、「一人で生きていかねば」を背負っている人、「ありがとう」って言うべきときにつ い「ごめん」と言ってしまう人などを指す。

「あ。」と思ったあなたも覚えがありますか?

幼少期うまく親に甘えることができず、大人びた子どもに育ってしまった人。甘えかたや頼りかたを知らないまま歳を重ねて、知らないうちに処世術としての俯瞰《ふかん》目線を持ちすぎた人。友人やパートナーとのあいだの適切な距離感に悩んでいる人。そんな人は少なくない。一人で生きていける人は強い。しかし、時にそれは不器用でもあり、脆《もろ》さでもある。

この世の中の悩みのほとんどは、人間関係だという。

だから、人との関係を薄く育み、期待しない、深入りしない。そうすると、悩みはいくばくか少なくなるかもしれない。しかし、人に関わり、影響を与え合い、時には憎しみ合いながら、それを糧《かて》にして自分や世界を知っていく、という体験は、この生身の肉体がないと味わえないものでもある。

頭も良くて、仕事もできて、毎日心身のアップダウンがなく、喜びすぎることもなければ、落ち込むこともなく、生きられる人。そんな人に憧れつつも、私はこれまで人のことをできるかぎり深く理解することをあきらめきれずに、アクセルとブレーキを繰り返しながら、自分に問い続ける生き方をしてきた。そして、得た経験を「ものづくり」に昇華してきた。

普通100キロカロリーくらいで行けそうな距離を、無駄にグネグネと曲がったり、ジャンプしたりして、700キロカロリーくらい使ってしまう。実に燃費が悪い。その思考の旅の途中で出会った問いのひとつが、「家族とは何か」だった。

私は、330年という歴史のある家に生まれた。実家は陶磁器の製造を営んでいて、つまり父は陶芸家。祖父も陶芸家。もちろん曽祖父も陶芸家。そして、曽祖父の兄弟から分かれた親戚たちも陶芸家。まさに右も左も陶芸家の中に生まれた。

そこに生まれた私は、もちろんそれが稀有《けう》なことだとも知らず、幼少期を過ごした。食卓の会話はいつも、ものづくりか茶道の話。家は日本の木造建築だから夏は暑いし、冬はすき間風がピューピュー入ってとにかく寒い。気密性の高いマンションに住むサラリーマンの家庭がうらやましかった。

代を「継いでいく」ということが、まるで宗教のように強い教えとしてあったわが家。私にとってはすこし息苦しいところもあったが、しかしそれは時に家族をひとつにつなぎ合わせていくかすがいのような機能を果たしていたように思う。何かをともに創造すること。それが、人と人をより強く結びつける接着剤になることがある。そうして、両親も、祖父母も、きっとその上の先祖も、「家」というものを守ってきたのだろう。

「家」って何？　私たちは何を継いでいくの？　純粋にそんな疑問が自分の中に立ち上がったのは、小学生のころだった。

仏壇があり、そこに黒や金色に塗られたたくさんのお位牌《いはい》が並んでいる。視覚的に直系の先祖を代々さかのぼることができる。なんだかお位牌が人格をもって、語りかけてくるようにさえ思えてくる。毎日お茶を運び、神様棚とお仏壇に手を合わせる。

昼食時は、まずは炊飯器の一番上のまだかき混ぜていない、美しく立ったお米を神様とお仏壇にお供えする。仏壇から下げてきたお下がりを、夜にいただく。

家の中にある仕事場で、祖父と父が仕事をする。毎日祖父や父が家にいる状況は、私にとって日常だった。長年直系男子が生まれず女系の家だったため、祖父も父も養子に入る形で結婚し、第一線で陶磁器の制作をした。

そして、兄と私が生まれた。ようやく直系の男子が生まれたものだから、私自身は生まれたときから継ぐ立場にはなかった。陶芸はしなくていい、働かなくてもいい、ただ良いところに嫁に行くことを望まれた日もあった。これだけ聞くと、とても恵まれた環境だと思われるかもしれない。

「あなた何でも自分でできてしまうのよ。女はちょっとバカくらいがいいのよ。かわいげがないとあかん」

しかし、私は内心で戦っていた。たしかにかわいげがなかった。なんだか息苦しかった。親の提示してくれた人生の策である「お見合い結婚」のニーズは、その時代25歳までだったし、相手の心変わりで何もかも失ってしまうような選択は、当時の私にはリスクが高すぎるように思えた。

もうすでに、自分の人生に対して正直に向き合いすぎていたのかもしれない。ここにないのなら、自分の手で、それを一からつくらねばならないと思った。そして、親の求めた理想の娘になれない自分自身に、心のどこかでものすごく腹を立てていた。

押し入れに入り、村上春樹さんと山田太一さんの本を読みあさり、ザ・ブルーハーツとQUEENを聴いて、あと何日で「大人」になれるかを指折り数えていた。

これが、武闘派の私の誕生の瞬間だ。武闘派は、社会で揉まれてできたのではなく、実家の押し入れの中から誕生したのである。

さて、時は30年近く進み、時代が昭和から、平成を経て令和になった。私はそのあいだに、学生を経て社会人になり、自分で会社をつくり陶磁器ブランドを立ち上げ、結婚出産を経て、数年前に、10年連れ添った方とお別れした。

そこから、私の中での「家族」の定義を探す、社会実験がはじまった。その旅は、「家族」の定義だけでなく、女性や人生、もっと大きな生き方までも考えていく、壮大で美しい旅になったのだった。

自分を愛するためにまずはじめること

月1回の美容院の時間を、死守している。

いい香りのする場所で、人に頭を触ってもらう。新刊の雑誌をざざーっと流し読みする。シャンプーやマッサージをしてくれる美容師さんの指の重さを、目を瞑《つむ》って感じ、髪の毛の艶感を最高値まで引き出してもらって、外に出る。少し背筋がのびている。この髪の艶に合う口紅が欲しくなる。

自分の体が喜ぶことをするのは、自分の心を愛することにもつながっている。「自分を愛せ」なんて言うが、自分を愛するってどういうことなのだろう。それがわからないうちは、自分を優先しすぎてわがままになり人を傷つけることもあるだろう。もしくは、不必要に耐えて我慢し、自分を押し殺してまで、人を愛そうとしてしまうかもしれない。

人を愛することと、自分を愛すること。これを同時に行うのは、実はとても難しい。そんなことがわからなくなったら、徹底的に体が喜ぶことをしてみる。美容院でもいいし、気持ちのいい空間づくりでもいい。長風呂でもよい。そして、今回もそれを手に入れるために美容院へ向かった。

その美容院には長年通っているので、会話もはずむ。そして、この日、ひさしぶりにこの言葉が登場した。

「ほんと、隙がないよね」

出た!!　仕事にプライベートに、極めてピュアに真摯に生きている女性たちが言われてしまうこの言葉。

そして、以下が続くこともある。

「サバサバしすぎ」

「一人で何でもやっていけそう」

「サービス精神ありすぎ」

「恋愛とか面倒だと思ってそう」

「彼氏つくる気なさそう」

今回は「全部のせ」である。言った美容師さんは、仲のよい男友だちでもあり、褒め言葉と思ったのか、満面の笑みをうかべて言うものだから、笑うしかない。

「あははは、いやいや、好きな男にしか隙なんて見せないのだ」と言って笑い合ったのだが、内心では心臓がバクバクしていた。だめだ、帰りにシュークリームを買おう。即座に糖分を補給するのだ！

ここ数年、一人で幼子を育ててきた。隙なんてつくろうものなら、もう一家路頭に迷ってしまうところだったんだもの、と自分自身に言い訳しつつも、帰りのバスでスマホを取り出し、「隙がない　女　特徴」と検索している女が、この私である。

そこにはこう書かれていた。

「隙のある女は、『あれ、この子、俺のこと好きなのかな』と思わせる女性である」

なんだって？　そんなのつまらなくないか！　好きでもない男に、なにゆえ自分の人生の時間を使ってまで「好き」を勘違いさせないといけないのだ？　と思った瞬間、「あ、私のこういうところだ」と思い、スマホをポイとカバンに投げ込み、窓の外を眺めた。

鉛《なまり》色の空。アーケードの下に人がたくさん出ている。バスは、直進して八坂《やさか》神社の赤い鳥居をかすめてから北のほうに上がる。神社の中では縁日をしているらしく、賑《にぎ》わっていた。

私だってそれなりに恋愛もしてきたし、ずっと一人でいいと思ったこともないよ。でも、いつのまにかたいていのことは一人でできてしまうようになった。

焼き肉も、映画も、海外旅行も一人でいけるし、最近では手術台だって、一人でのぼれる。ものすごく、うん、ものすごく怖いけど。

しかし、女性はそんなに隙がないといけないのだろうか？　恋愛が面倒だって思っちゃいけないのだろうか。まだ言葉にならない不定形なものを、急に外に出したくてたまらなくなって、その夜は女友だちとオンライン緊急会議という名の飲み会をしたのだった。

彼女は20代からの友人の一人で独身、ザ・武闘派の女性。いわゆるバリキャリである。ずっと仕事に打ち込んでいて、恋愛のプライオリティが上がったことはない。それでいてとてもハッピーで、美しい人だ。

散々いろんな話をしてきているけれど、これまでとのちがいは、二人ともすこし歳を重ねているということ。そういう男性の言葉について、一方向からの否定をしなかったということ。

「たしかに隙があるってかわいいよね」

「だけど、わざと隙があるように見せられないよね。私たちはもはや」

「むりむり、そんなあざといことできない。脱がされたら太ももにサバイバルナイフ入ってるのバレちゃう」

爆笑した。私たちって、もう戦いをやめることはできないのかしら。もう少し、ナチュラルに、女性として生まれた悦《よろこ》びを享受する生き方ってできないの？　そのために「強さ」や「自立」というものはどれだけ必要？

守ってほしい、守ってあげたい。

守ってあげたい、守ってほしい。

人間としての対等なリスペクトは根底にあるとしても、男女の基本はそういった補完関係にあるのだろうか。否定はしないし、むしろ命として正しいのかもしれない。

今日ひとつ言えることは、自分が楽しく心地よい在り方を見つけるのが先ってことだ。

そう結論づけて電話を切った。

隙とは、だれかに好きと勘違いさせる能力ではないと私は思う。

きっと、自分がめいっぱい人生を楽しむこと。

自分を低く見積もらずに、そして他者からの評価も気にせずに、その時、その瞬間をめちゃくちゃに楽しむこと。

自分が世界から愛されていることを知ること。無邪気に喜ぶこと。

大好きなスイーツを食べるでもよい、ディズニーランドにいくでもよい。自分が一番の笑顔になれることを、自分にちゃんと与えてあげること。

そうしているときに、つい漏れ出ちゃったもの。それがきっと「隙」なんだと思う。

ぴったりな手袋を探して

新型コロナウイルスの猛威もすこし落ち着いたころだったか、近況報告がてら飲もうよ、と同い年の友人4人で、数年ぶりに集まった。

同学年の友人には、その関係でしかわからない絆のようなものがある。これまでの経験がちがったとしても、同じ時代をくぐってきて、同じ長さを生きてきた。それが歳を重ねるごとに不思議と大きな意味を持ちはじめる。

久しぶりに会った友人たち。不妊治療の末に40歳を過ぎて第一子を授かった人、婚活中のフリーランス、年下彼氏と恋愛中の人、二児のシングルマザー（私）など、置かれた環境はちがえど、ここまでよく生きたよね、と、まずはしっかりとハグをする。

それぞれが、自分の人生にいくつかのあきらめと、妥協と、裏切りにもあったはず。そして自分のことが嫌いになってしまうことも一回ではなかったはずだ。外で戦っている女子たちが、戦場から戻ってきて束の間、安全な場所で、自分たちをたたえあうようなそんな時間。私が主宰する女子会は、そういう戦士たちの憩いの場である。

話題は最近の仕事から、毎日の体調管理、結婚や妊娠出産のことなど、ことかかない。3時間半も話し続け、あっという間にそろそろおひらきの時間となった。

帰り際、そのうちの一人から、一冊の文庫本をプレゼントされた。本を贈られるのって、なんだか久しい。高級なキラキラするものよりもうれしく感じるのは、私だけだろうか。

それは、向田邦子さんのエッセイ『夜中の薔薇』という本だった。

「この中にね、『手袋をさがす』っていう文章があるの。それをみてあなたを思い出したのよ」とその友人は言った。

文章を読んで、自分を思い出してくれるというのは、私にとってすごく特別なことだ。家まで待ちきれずに、バスの中でごそごそとカバンから本を取り出し、目をおとした。

そのエッセイ「手袋をさがす」は、著者である向田邦子さんが「気に入った手袋が見つからないから」という理由で、22歳のひと冬を手袋なしで過ごしたことがあった、というくだりから展開する。妥協するのはいやだから適当なものは買わない。だけど、手袋すら買えない、と貧乏くさく見られてもいやだ、と虚勢をはる彼女。わざと手を隠すようなこともせず、堂々と冬の冷たい空気に手をさらして街を歩く。

まわりからどれだけ忠告されようが、妥協した手袋を買わない、という彼女を見るに見かねた先輩の男性が、このように忠告してきたという。

「君のいまやっていることは、ひょっとしたら手袋だけの問題ではないかも知れないねえ」

「男ならいい。だが女はいけない。そんなことでは女の幸せを取り逃すよ」

女の幸せ……。今でこそ、フェミニストから大きくバッシングを受けそうなこの言葉。だけど、このエッセイが書かれた昭和の時代には、とても聞き覚えがある言葉でもあった。むしろその当時にこのような言葉を受けずに育ってきた人のほうが、ラッキーなことだと思う。

そして、そのあとの彼女は実にすがすがしい選択をした。若かりし日には一般的に容易に手に入るであろう、平凡でありきたりな人生を選ぶことを拒否し、「妥協しない」選択をしたのだ。自分の美意識を優先し、かっこいい生き方のほうを選んだ。自分の「生き方の軸」を定めて、それを信じて生きていく決断をしたのだった。

妥協せず、より良い選択肢を探しつづけていくこと。自分自身の人生に対して欲深くいること。その終わらない選択の人生を楽しむことにしたのだ。

なんてパンクなんだ。

「この本を読んで、私を思い出してくれたなんて光栄だったよ」と、私はこの本をくれた友人に連絡をした。

ぐっと覚悟を決めて、自分のよしとする生き方を、模索しつづけてきた私の在り方。譲れない私の在り方。その振り切った戦闘力がふっとゆるまったときに、新しい何かが見えてくるのだろう。自分自身のその変化を見ていきたいと思った。そして、どこかすでにすこしずつ肩や背中あたりがじんわりとゆるみはじめている自分にも気がついていた。

さて、後日談だが、この本をくれた友人は、この1年後に生涯の伴侶ができた。もう結婚なんてとあきらめかけたころ、電撃的に出会って、1ヶ月後から一緒に住んで、気がつけば数ヶ月後には入籍していた。人生何が起こるかわからない。

ある日、その友人が伴侶となった彼とわが家にきてくれた。

友人と同じ空気感をもち、ポツリポツリと本質を語る彼に、この本を贈ってもらったエピソードを語ったとき、その彼は童話『手袋を買いに』のストーリーを引用してこう言ってくれた。

「あなたは、あの物語の人間みたいです。きっとたくさんの温かい手袋を人に与えてきた人。だから、これからたくさん、自分にぴったりの手袋を見つけていく時期なのだと思います」

びっくりした。手袋のふたつの話で、こんなに心が温かくなると思わなかった。

これからも毎年冬がくる。北風に手がかじかんで、手袋をとりだしてつける。私はきっと、いつもこのふたつの物語を思い出すにちがいない。

占いの上を歩く

ある日、手相の鑑定士が遊びにくることになった。副業として手相の鑑定士として活動している人で、普段はごく一般的なサラリーマンをしているらしい。飄々《ひょうひょう》としていてまじめっぽいが、ちょっとしたときにきらりと光る目をもっている人だ。

私は、易学や占いを信じているほうだ。自分のもつ運命の流れを知っておくことは、お肌の調子をみてサプリメントをとったり、食事を変えることに近いのかなと思う。

でも、言葉に飲み込まれるべからず。執着せず、でも軽視せずが基本。思えば、良いことも悪いことも「当たる」「当たらない」ではなく、その人がその瞬間に持つエネルギー。そう思うと楽になる。今は落ちているけど、また上がる日もある。下がれば上がる。上がれば下がる。ずっと上がり続けることも、下がり続けることもできない。だから、いつも浮き足立たずに、丹田《たんでん》に力をいれておけばよい。

さて、夜みんなで杯《さかずき》を傾けている最中、話のながれで、手相を見てもらうことになった。

「彼は手相を見ているようで、顔の表情を見て答えている」という前情報があった。つまり、手のしわを見ているようだけれど、実は「〜ですよね？」と確認したときの相手の表情や、顔の相を見ているということだ。

顔は口ほどにものを言う。でも顔から推測されてしまうなんて、なんだか悔しいし、そんなの鑑定じゃない！　そう思った私は、極力表情を読み取られないように、こちらが鑑定士の顔をじっくり見ることにした。

ややにらみつける私に対して、彼は最後までこちらを見なかった。ずっと私の手を、開いたり閉じたり、皮膚を伸ばしたりして、刻まれた相を無表情で見ていた。もっと鋭い目でえぐられるように見られるかと思っていたのに。

そしてしばらくして、鑑定士の彼はゆっくりと話しはじめた。

「あなたはね、きっと応援する人がすごくたくさんいる人でしょ？」

「あ、はい。そうなのかしら……」

「そうなんです。だからもっと甘えて頼ってください。一人で爆走しないように」

爆走、ハイハイ、ハイハイ、この言葉、覚えがあります。一発ＫＯ試合終了である。

「もっと甘えて頼ってくださいよ、絶対ですよ。わかりましたか！」

「は、はいーーー」

そろそろ私の人生ゲームは、この「人に頼れない」問題を解決しないと、次に進めないようになってきたということだ。まわり道をしても、結局死んで同じダンジョンからの繰り返し。クリアするまで永遠にライフが残っているような、そんなエンドレスなゲームをしているような気がした。

もっと脅すような言い方をする鑑定士もいるだろう。でも彼はそうではなかった。少なくともその人の言葉の選び方には、思いやりがあった。とても丁寧に言葉を紡いでくれたことが伝わった。

しょうがない、向かい合おうじゃないか。

さて、最近の課題である、なぜ人に頼れないんだろう問題。朝の日課の瞑想で目を瞑り、その思考の海に身を沈める。昔の思い出やら情景やら、悲しみやあきらめや絶望や。その場所、その時間に置いてこざるを得なかった感情をもう一度すくい上げて、眺めてみる。

人の過去をよかれと思って勝手にまとめるグーグルフォトのアルバムみたいに、全然関係ないと思っていた思い出たちが、無意識に同じアルバムに入って、酸いも甘いも映像としてよみがえってきた。

そっか、私、何度も頼ろうとしたのね。

何でも一人でできてしまう、せざるを得なかった器用で不器用な人たち。「頼れないのはプライドが高すぎる」とか、「ゆだねられないなんておごりだ」とか、「甘えられないなんてかわいげがない」「あなたは一人でも生きていけるでしょ」とか人から言われ、そして自らも自分に言い続けてきた人たち。

一生懸命に一人で逞《たくま》しくやってきた人、上手にできなかった君。関係性に恵まれなかった人々、なんどもなんども、期待しては裏切られた気になって、傷口の皮を分厚くするしかなかったこと。

でも、こうして経験値を積み上げた今、最新のＯＳバージョンをもって処理すると、うまく「人間力」に醸成できるかもしれない。

「レジリエンス」という言葉は、跳ね返り、弾力、回復力、復元力といった意味合いの言葉だ。草が風に当たって大きくしなりながら、また元の位置に返ってくるような回復力。しなりながらも、中心は決してずらさない。

大切なのは、倒れないことではなく、倒れたあとの立ち上がり方だ。たまに派手に転んでもいいじゃないか。痛がって、また受け身を覚えていったらいい。不感症になるより、それはずっとずっと、価値のあることのような気がする。

そして、どんな鑑定結果だったとしても、明日からの一歩は自分の意思で選べる。もし、「今日の運勢は凶。だれかとトラブルになる可能性が高い」と言われても、だれかに思いやりをもって接することは、自分で選べる。

どんなに悲惨な経験があったとしても、その文脈からはいつでも自分を解放できる。昨日とはちがう場所に次の石を投じることは、自分の意思以外の何物でもない。幸せになることは、今日のこの一歩から選択できるのだ。

さあ、占いの先をあゆんでいこう。

命として美しい人

美しさって、どういうことなのだろう。容姿や物理的なものもあるだろうが、私は命として美しい人が好きだ。さて、そんな美しい友人の一人が遊びにきた。

「ほんと、腹立つわー！」

瞬間湯沸かし器みたいに憤慨している彼女の横で、私はビールを開けながら今夜のおつまみをつくっている。

感情を小出しに爆発させられる人って、だいたい寝たら怒りが消えるタイプだから大丈夫、なのだけど、今日はいつもより興奮しているな。人への怒りが自分へも返ってきたのか、「私って嫌いな人多すぎるかな」としょぼくれている彼女を見ながら、この人に好かれた私はとても幸運なのではないかと想像している。ありがたや。

私は言った。

「しょうがないよ、にんげんだもの」

「にんげんだもの」。このだれもが知る有名な一文を世の中に放った詩人の相田《あいだ》みつをさん。きっと数え切れないくらい多くの人を救ったこの文。たった7文字に込められた慈愛と赦《ゆる》し。エッセイを8万文字以上書いたとしても、太刀打ちできないなあ、って思う。

怒っている彼女の機嫌はすこしおだやかになったが、きっとこのあと家で今回の出来事を反芻《はんすう》するのだろうなという横顔をしていたので、もう何も言わないことにした。

「内省することを知っている人は美しい。鏡を内側に所有しているからだ」

これは、『あたりまえなことばかり』という書籍の中の池田晶子《いけだあきこ》さんの言葉。怒りをただまき散らすだけの人ではなく、彼女はいつも内側に鏡を持ち、自分を映し続けている。彼女がどんなに怒りを表現しようとも、私が彼女のことが大好きなのはそういうところだ。自分の内に持つ鏡には、時に見たくないものも映り込んでしまう。弱いものや、悲しいもの。隠そうとしているものも映ってしまい、それから目を背けることができない。

それだけでなく、目の前に実在の「大嫌いな」他人として立ち現れることもある。リアルに存在する「嫌いな人」とは、自分の恐れを他人に投影させてつくりだした幻想かもしれない。いじわるな職場の先輩も、苦手な取引先も。そして、その人を嫌い、許す過程を通して、自分の中の弱さを見つめなおし、受容することにもなる。

自分に向き合い、内省している人は、自分を通してちゃんと世界のことを知ろうとしている。考え続けている。あきらめない。そうしてその先に、何かしら気づくことがある。私は、人として、そういう強さを持った人が好きなのかもしれない。命として美しいな、と思う。

次の日、彼女から長文のメールがきた。いろんな反省をしたうえで、「でもやっぱりアイツ嫌い　笑」と書いてあった。背伸びしない感情表現に不思議とまた好感度が上がった。こういう直接的な感情表現、私にはあまりできないから。

「選ぶ」という練習

「女らしく」「男らしく」「長男だから」「妹だから」……etc。今では意図的に使われなくなったこれらの言葉は、昔はごく一般的にしつけなどで使われる言葉だった。昭和生まれの人たちは、幼少期にまわりから望まれた「らしさ」に苦戦してきた人も多いのではないだろうか。私もその一人だ。

そういう影響をなるべく与えないようにと、自分の女児二人の子育てでは、言葉に気をつかってきた。「女らしく」とは言わないし、「お姉ちゃんなんだから」とも言わない。子どもが荒々しい言葉を使った場合は、「女の子らしい言葉を使いなさい」の代わりに、「そういう乱暴な言葉はだめよ」と言う。

「〇〇くんは、行こうぜって言ってたけど、なぜ私は『ぜ』をつかっちゃだめなの？」と言われる。そりゃそう思うよね。本人たちが納得する細やかな説明が必要で、それは毎回本当に骨が折れることなのだが、ジェンダー教育は家庭の中から、なのである。そんなわけで、0歳児から「男女差」や「年齢差」の区別をしないように、接してきた。

しかし、なんということか。

長女次女ともに1歳半くらいから、急にピンクばかりを好むようになったのだ。パンツもピンク、上着もピンク、くつしたもピンク、おもちゃもピンク。チカチカする全身ピンク幼児が、料理セットで遊ぶのを見ながら、女子ってもしかして、あらかじめ「女子OS」をインストールされて生まれてくるのかも、と思ってしまった。もちろんコマーシャルの影響はあるのだろうけれど。

そして、ピンクチカチカ姉妹は、一通り着て満足したのだろうか、ぱたっと選ばなくなり、その後はそれぞれの好みを選ぶようになっていった。

さて、この「選ぶ」という練習は、最初は色やおもちゃや洋服など、小さくて簡単なものである。しかし、これは未来にはもっと大きなもの、たとえば「自分の人生を選ぶ」ということにきっとつながっていくのだと思う。そして、「自由に選ぶ」とは、実はとても難しいことなのである。

日本のように、宗教的、政治的にも比較的自由な国に生まれたとしても、空気の中に混じった「女らしさ」「男らしさ」の固定概念に知らず知らずのうちに影響をうけている。それがまた、自分の未来に制限をかけてしまっていることもあるだろう。それが、「こうでなきゃならない」という自分への圧力にもなる。

ある日のこと。子どもの卒園の記念品に名前のイニシアル刺しゅう入りのハンカチを選んでいた。男子は水色で女子はピンクという選択肢がお膳立てされている、わかりやすい商品カラー構成。そして黄色とか薄紫という、どちらにも属さないマルチな色もある。そこで、こんな問題が生じる。色を男女で指定してしまうと、ジェンダーで色を押しつけてしまうことになりかねないので、全員一緒の黄色にしようか？　でも結局、男子はブルー、女子はピンクがいいんじゃない？　ママ友といろいろ考えて一巡し、結局それぞれに色を選んでもらうことにした。私たちは思いがけず、子どもたちの選択の自由を奪うところだった。

時代の価値観がどんどんと移り変わっている。そんな過渡期には、ふくれ上がったさまざまな基準に、私たちはひとつひとつ丁寧に合わせていく必要がある。

女の子や女性たちの学び、働き、職業や生き方を選ぶ権利は、だれにも奪われるべきではない。それが、基本的なフェミニズムの考え方だ。それはもちろん男女問わず、世界中のだれもが「自分の好き」「自分が得意」を楽しめるということだ。

ＩＱが高ければ、ＩＱの高さを純粋に楽しめること。

絵がうまければ、絵のうまさを心から楽しめること。

好きなファッションの好みを選べること。

職業や生き方を選ぶ権利は、だれにも奪うことはできないはずだから。

後日談として、記念品のハンカチは、ほとんどの男子がブルー、女子がピンクを選んだ。しかし、あらかじめ決められているよりは、きっと満足感があったと願いたい。

幸福度は、自分で物事を決定できることと相関しているらしい。多様な選択肢から、「自分で自由に選び決定した」というプロセスは、人間には必要なのである。だからこそ、小さくてもいいから選びとる習慣を日々自分に課していきたい。

女性性の扱い方

ある休みの日の午後、友人の家に招かれた。彼女は相談があると言って、自分の旦那をたてたり落としたり、程よいバランスをとりながら話をしている。アイスコーヒーのグラスについた水滴が下にいくにつれて大きな水滴になり、コースターに染み込んでいく。

彼女は、私より10歳下だけど、子どもは同い年、といういわゆるママ友である。「男って大変だよね」と私が言うと、彼女は身を乗り出して「いやいや女のほうが大変だよ！」と反論した。かわいい彼女の鼻がすこしだけふくらんでいる。どうやら地雷を踏んでしまったようだ。

「ごめんごめん、そうだよね。みんな大変だよね」

どちらかではない。この世の中、きっとだれもが大変だ。

「男らしさ」「女らしさ」の押しつけが、それぞれにある。みんな息苦しいのにもかかわらず、なかなか変わらない社会のジェンダーイメージ。男女の均等を主張する前に、そもそも性差もあるのだけれど、それもごっちゃになっている。

たとえば、友人の男の子の赤ちゃんを抱っこすると、びっくりする。質量があってずしんと重くて、女の子の赤ちゃんと全然ちがう抱き心地だ。性差は大人になると、ホルモンの関係で、さらに明確になる。男性のほうが筋肉がつきやすく、体毛も濃いことが多いし、女性は、丸みを帯びた形をしており、思春期になれば胸が大きくなってくる。そして妊娠出産や授乳ができるのは女性だけで、男性にはその機能はない。

しかし、体力のある男が狩りにいき、女性が子どもを産んでコミュニティを守っていた時代とはちがう今、男性が力仕事や大きな意思決定をし、女性は何かを守り育てケアしていくことに特化すべきだ、という考え方はどう考えてもかび臭い。その人の社会的な役割や職業の向き・不向きまで、生物学的な特性だけで決めることはできない。

企業理念を打ち出しやすいから、どこの企業も、目に見えやすい対応は、スピード感があるし、管理職や役員の何割かは「女性」を起用していくという流れが起きている。「女性枠」があることによって、ここ最近の女性の管理職は目に見えて増えてきた。

能力があるのに、日の目を見なかった女性たちに、光があたる。ガラスの天井をかち割って、スーパーウーマンとして世界を飛ぶ。とてもよい流れだ。社会や未来にとっても利益があることだ。いいぞ！　もっといけ‼

しかし、また別のリアルな苦しみもある。念願のポストについたことと裏腹に、下からの追い上げや、追い抜かされてしまった男性職員からの目線、ほかの女性職員からの羨望やプレッシャー。これまでの男性職員がやってきたことを、スカートをはいた男性さながらに、そして男性以上にがんばらないといけない。もちろん、抜擢されたみんながこういうメンタルではないにせよ、だ。

女性社長、女性医師、女性陶芸家……。制度としてお膳立てされたなかでの抜擢なのかも、という不信感。ウーマン・オブ・ザ・イヤーになったとしても、ヒューマン・オブ・ザ・イヤーにはなかなかなれない。

「これからは女性らしさの時代だ」という定型文は、いつもどこか本質からずれている。女性たちがかすかに感じるこの違和感の正体はどこにあるのだろう。すっかり氷も溶けて麦茶みたいになったアイスコーヒーを飲みながら、そんなことを考えていた。

価値観が、振り子のように、大きく振れている。この時代の逆のゆりもどしが、次の時代の「普通」をつくっていく。人は100年単位でバトンをつなぎながら、数々の行き交う振り子の中心を求めていく。左右に振れるごとに、「当たり前」が変化し、私たちはずっと何かに抵抗し続けているのだろうか。そうであるならば、いつまでも戦いをやめることはできないではないか。

みんな会話のイニシアチブをとりたがりすぎている

拙著『感性のある人が習慣にしていること』の中に、「『気持ちよく話す』のをやめてみる」という項目がある。あなたが知人からの相談をうけて、アドバイスするとする。普通に話しているうちはいいが、だんだんと自分が気持ちよくなってくる。とめどなく言葉がでてくる。そうするともうその言葉は、うわすべりしていて、自己承認欲求の言葉だから人には届かない。そういったことを書いた項目だ。

「あの項目読んだとき、メチャクチャどきっとしました……！」と、多くの人からコメントをいただいた。みんなどこかで経験があるのだな、と興味深く、改めて会話のことを考えるきっかけになった。みんなあるよね、正論を気持ちよく言ってしまう時。言いきってから気づいて、あーまだまだだな、と凹むこと。

「会話」と聞いて、みなさんはどのように比喩するだろうか？

会話とはキャッチボール、なんてことは昔からよく言われる。お互いにボールを交代に投げる。相手の取りやすいところに投げなければ相手は受け取れないけれど、たまに斜め上のすごいところに投げられたボールをキャッチできると爽快感がある。イメージすると、たしかに「会話」っぽいと思う。

しかし最近は、会話というより「プレゼン」に近い話をする人が多いな、と思う。自己表現は大切なのだけど、キャッチボールになっていない。立て板に水のごとく、一方通行のプレゼンが進んでいくと、すこし退屈になってくる。

ある日のこと、カフェで一人仕事をしていた。その空間には観葉植物がたくさん飾られ、明るいテラス席に白い木のテーブルと北欧風テキスタイルのクッションが置かれている。隣の席から、「久しぶり！」と声がし、笑顔で一人、また一人と加わっていく、生き生きとしたグループの声が聞こえてくる。同窓会だろうか。はじけるような女子の生命力もさることながら、男子のさわやかな感じも負けてはいない。

それぞれに近況を報告し合う。途中から、一人の男子が最近の仕事について話し、女子から「すごーい」と黄色い声が飛ぶ。負けるものかと自分の自慢話を披露する人、おちゃらけて、自虐的なおもしろい話をする人。いろんな立場でその場のバランスをとりながら、話が進んでいく。なんだかトレンディドラマの台本みたいだな、と思った。

会話とは、戦いではない。でも私たちはいつしか、「一番いいことを言う」「一番おもしろいことを言う」、そしてその場で「一番目立つ」ことに、どこかこだわってしまうようになった。この話のあとに、だれが何を言うか。もはや椅子取りゲームのように、ボールを拾い合う。キャッチボールの美しい放物線を愛でるわけでもなく、会話の中の静かな余白を楽しむのでもなく、だれがたくさんボールを拾って、次へかっこよく投げたか、を競い合ってしまう。

「会話とは、種まきだ」とある人が言った。だれかとの対話から生まれた生きた言葉の種が、そこに落ちる。別れたあとに、その言葉がまた個人の体験を養分として思索を生む。しばらくすると、新しい考えとして発芽する。そして、その成長を確かめるために、また会って対話をする。

会話とは、そんな共同で創りあげるような作業なのではないかと思うのだ。

拡張家族のはじまり

約6年前、私は10年連れ添ったパートナーと別々の道を歩むことになった。「離婚」など、もはや三人に一人が体験するほど珍しくもない時代だろうが、両親が別れることなくなんとか普通に暮らしてきた私にとって、それは、とてつもなく恐ろしいことでもあった。子どもという大きな責任を抱えて、自分自身が未知の体験をすることが、こんなにも怖いことだなんて。この自分の決断が、子どもにとって不利益にならないように一生心を砕いていこうと決意した。

ボストンバッグふたつに入るだけの必要な家財道具を入れ、数ヶ月、赤ちゃんと幼児だった二人を連れて、ホテルや友人宅を転々とし、いくつか合鍵をもらい、行きつけのホテルもできた。ベッドでぴょんぴょん跳ねて、疲れたら眠る毎日。大切なものは、人とのつながりと、ボストンバッグふたつに入るだけのもの、そして、両手で握りしめた小さな命だけしかないのではないか。子どもたちはきっと、スリリングな旅行気分だったのだと思う。

定住先を見つけたあとも、なんだかものを増やすことに飽き飽きしてしまった私は、ほとんど家財道具を買い足すことをせずに、怒涛の三人暮らしがはじまった。2018年、秋から冬になろうとしていたころのこと。もし、片親ということで不遇な対応をされるようなら、もう日本という国にしばられずに生きていったらいい。そのくらい、どこにでもいける感覚だった。


半年ほど経ち、生活が落ち着いてきたころ、余っている部屋にだれかに住んでもらって、生活や、家事、知識などをシェアしながら、共に時間を過ごしていくことができないかと考えはじめた。結婚制度や、血縁でつながるだけではない、毎日、変容し、形を変えてゆく新しい家族の形。そんな情景がふと頭に浮かんでいた。このタイミングで「家族」の新しい定義がつくれるかもしれない。そんな希望を見出していたりもした。

ということで、家族の募集を計画した。なんてことはない、シェアハウスじゃないか、と言われるかもしれない。しかし、かたくなに「シェアハウス」という言葉は使わなかった。「シェア」って、人と「すでにあるものを分ける」ってことじゃない？　でも、家族って、「一緒につくりあげるもの」だから。たかが言葉、されど言葉である。

「シェアハウス」ではなく、この「拡張家族」にピンとくる人は、同じような考えをもっている人だと想像した。既存の定義にとらわれない人、絶えず新しい価値観をつくりたい人、そして家族について、模索している人ではないかと思った、だから募集要項には「家族募集」と掲げた。

まずはじめに、人物の想定をした。最初に優先したのは、「料理ができる人」だった。比較的広いキッチンがあるので、ケータリングの仕事をフリーでしている20代後半から30代前半の女性。おだやかな性格で、子ども好き、細かいことにこだわらない性格、くらいがいいのでは、と人物像を設定した。子どももまだ手がかかる。自分自身の会社も過渡期であったので、本当に毎日の家事が行き届かない。なんとか、食事、お風呂、着替え、寝る、という生理的な世話はできても、それ以上の余暇や楽しみ、工夫ということはなかなかできなかった。

ごはんは、個人に合わせて味を変えられる、作り置きできる、そして一人で食べてもこぼしたりやけどしたりしにくい、という点から、ぬるめのうどん、シチュー、チャーハン、お好み焼きあたりを主とした夜ごはんに落ち着いていたが、もっといろんなものを食べさせたかったし、なにより食で楽しませたかった。ということで、「料理ができる人」は必須条件だった。

その後何度か、友人たちのツテで、人が住もうとしたことがあったが、ことごとくうまくいかなかった。家具だけ置いて失踪してしまった人もいる。おいおいそんなバカな、なんてことがたくさんあった。やはり難しいのだろうか。自分で立てた目標を疑いはじめた。子どもたちもそれぞれ1歳ずつ大きくなり、3人でも問題なく暮らせるようになってきた。もういいか、とあきらめかけたころ、親しい友人の紹介で、早乙女《さおとめ》くんが家を訪ねてきた。人との出会いは、いつも急だ。2020年、街が春に様変わりしようとしているころだった。

家族募集に応募してきた早乙女くんは、とりあえず3ヶ月、ということで、東京から引っ越し、わが家に住みついた。ちょうど同じころ、世界を揺るがす事件がはじまった。

新型コロナウイルスの蔓延によるロックダウンだ。

早乙女くんは、自由でおもしろくて、やわらかい感性と鋭い視点を持ち、料理が好きで子どもも好きな、30代前半だった。事前に設定した条件に当てはまらないところは性別だけだったけれど、不思議とすぐに受け入れることができた。彼の雰囲気から猛々しさや危険な香りがしなかったからか。そして、家に男性が住んでいることの安心感もあった。

彼が引っ越しをしてきた日は、小雨の降りそうなグレーの空に、白い桜が滲《にじ》んでいた。「一人、家族が増えるよ。でも、何があっても何がなくても、幸せだよねー」と話した。まだ言葉のおぼつかない子どもたちが、「とうだねー（そうだね）」と答えてくれた。

私たち家族と早乙女くんはすぐに打ち解けた。当時2歳だった次女は彼にすっかりなつき、いないとぐずったり泣くようになった。姉は少し照れながらも、未来の家族像を語りはじめた。

「〜〜ちゃんと〜〜くんと一緒に住んでー、もっと大きな家にするの。家族が増えるとうれしいから。建築家になってそんな家を設計するの」

私にとっての家族の基本形は実家だ。子どもたちにとっての家族の基本は、この家になっていく。ここで育ち、いつか巣立って、自分の場所をつくっていく。その基礎をつくっているという実感、それはとても尊くて責任のある作業のように思えた。

未来のこの子たちの「家族」とは、どんなものなのだろう。私の家族の再定義は、きっとこの子たちの「家族」の定義と同時に進んでいく。

2章

「美しさ」について考える

美しくなりたい。
品がよくってセンスがあって。
でも容姿だけではない、
「美しい」の本質ってどういうもの？
そんな「生き方の美学」についてのお話。

品とは残心である

なんだか品のいい人というのがいる。洋服や持っているバッグの質感、引き締まった適度な筋肉、先までピカピカに磨かれて整った靴。そういう外見的なものもあるが、おそらくその人の醸《かも》す空気とか、あるいは「気」のような見えない何かを指すのだろうと思う。

こんな友人がいる。すーっと背筋のとおった後ろ姿、無駄な肉のない背中に、シンプルでおそらくとても品質の良いシャツ。それに包まれるその人は、いつも等身大で付き合いやすく、偉ぶらないが、はじけすぎることもない。

ただ憧れてしまう。一緒にいると、その人のまわりの空気が澄むような気さえする。その人のもつ「気」のようなものに、吸い込まれる。いい香りがする。そして、帰ったあともその残り香のようなものが漂っている。

品のある人と、そうでない人のちがいってなんだろう。きっと、私たちはそれを五感で受け取っている。まずひとつあげるなら、視覚的なことだ。爪の先がそろっている、シャツの襟がピンと張っている、着物の丈が短すぎない、など、何かの先端に見えてくる。

そして聴覚的なものもある。品のいい人は、音の残し方が美しい。たとえば、襖《ふすま》や扉を閉めるとき。余韻の残し方が上手なのだ。

音を立てて「ばん！」と閉めたあとはどうだろう。場の空気が張り詰めやしないだろうか。大きな音、その余韻、緊張した場がゆっくりと正常に戻るまで、数秒から数十秒かかる。逆に品のある人が去ったあとは、静けさの余韻がある。

静かにドアを動かし、最後だけ「トンッ」と小さな音を立てて締めきる。空気の動揺が静けさに戻るまでのわずか数秒ほどの間。その時間が美しい。そこに目には見えなくともまだリアルにその人の気配が存在していて、その余韻を感じている。電話を切ったときの一呼吸も同じだ。

去り際も美しい。会食などで中座するときも、さらっと風のように去る。いつ帰ったかわからないけれど、失礼ではない。

また嗅覚的なものもある。たとえば香水の使い方。鼻に残るきつすぎる香水は、その人の存在を必要以上に強く残してしまうが、さっと通りすぎたあとのやさしい残り香。鼻の先に香って、そのあとすーっとなくなるような香りの粒子。品のいい人は香りにも余韻がある。

人の印象は、第一印象で55パーセント決まるという話がある。この第一印象には、視覚だけでなく、香りや音、醸し出す雰囲気など、きっと目に見えないものも含まれているのだと思う。

先日、インスタグラムを閲覧していて、興味深い動画があがっていた。日本人の共通あるあるを動画にしたもので、宅配便を受け取るときの行動だった。宅配の方が自宅に来られて荷物を受け取り、出られて扉を閉める。そのあと、業者さんが去る気配を感じてから、静かに鍵を45度回してかける、という動画だった。

鍵を普通にかけると「がちゃっ」という音がしてしまう。それは、外にも響くし、今出て行った業者さんにも聞こえるだろう。もしかしたら、一方的に締め出されたような気持ちを与えるかもしれない。それを避けるために、相手がその場を去ったかを音でとらえ、鍵をなるべく音が出ないようにひっそりと回す。

そこにかける配慮が実に日本的だなと思ったし、日本人のあるあるとしてネタになっているところがおもしろかった。気配を感じるその時間こそが、人と人との関係の言葉では埋められない余白を埋めてきたのではないか。

品の本質とは、余韻なのではないかと思う。品とは、その場に残す心を大切にすることで生まれるのではないか。そんなことを考えていた。

やめどきの美学

何かをやめるときには、その人の生き方の美学が見えてくると思う。そして、私がやめどきの美学を人生で初めて学んだのは、昭和の力士、千代の富士さんからだった。

千代の富士さんのお話をするには、まずは祖父の話からしなければいけない。もうかれこれ10年ほど前に亡くなった祖父は、東京浅草生まれだった。だから私は東京のクォーターなんです、というのは私の定番の自己紹介である。

生粋の江戸っ子だった祖父は、戦火を逃れるために京都に移ってきた。親戚としてつながりがあった祖母の家に来たのである。やがて祖母に恋をし、結婚することになった。今では考えにくいが、昭和初期から戦後くらいの時期は、血縁から結婚することも少なくなかったようだ。

東京の大空襲で祖父の両親が亡くなり、東京の家もなくなった祖父は、90代で亡くなるまでの人生のほとんどを京都で過ごした。しかし子どものころに使っていた江戸言葉が完全にとれることはなく、私も小さなころからその江戸の粋なイントネーションに親しんでいた。

　そんな祖父は、京都で高度経済成長のまっただなか、祖母の家の仕事に従事して窯元の仕事を磐石にした。東京出身だが、京都で商売をし、京都の人との関係を上手に築いた。取引先を祇園《ぎおん》町で接待するにも顔がきく。そんなふうに、京都に入り込めること自体、きっと天性の営業センスがあったのだと思う。

　さて、そんな感じで祖父が元気に仕事をしていた1980年代のこと。同じく相撲界でめちゃくちゃに強かったのが千代の富士さんだった。私が物心つき、祖父の影響で相撲に関心がでてきたころにはもう全盛期。夕方になると、まだブラウン管だった四角いテレビにかじりつき、家族で一緒に相撲を見た。

　力士として大きいとは言えないが筋肉質の体で、自分よりも大きい関取をひょいっと担いで寄り切る姿。めちゃくちゃかっこいい。そして男前。私にとって、初めてのヒーローだった。

そこからほどなくして、35歳で千代の富士さんは突然、体力の限界ということで引退される。まだまだ強いのに、なぜ今なの？　と私はとてもショックだった。スポーツマンにとって右肩上がりの時期は、そう長くはないのはわかっているけれど、でも早すぎないかな。興奮する私に、「ほら、ぐんぐん強くなって、でも強い後輩がでてきて、そのずっと上がり続けてきたグラフがね、ちょっとだけ陰るのよ。ほんの少し。その瞬間は、きっと本人にしかわからないんだと思うわ」。母が窓の外を眺めながらしみじみ言った。ピークからの一瞬の陰り。見極めるのは自分にしかできない。プレイヤーとしてずっとあり続けるか、それとも後世のために伝えていくことを選択するか。そして、彼は引退を決意した。

決断の潔さ、やめどきの美しさを教えてもらったのが、この引退だった。フウと息を吐き、「やめどきねぇ」という私を見て、「あなたの人生はまだ何もはじまってないわよ」と母が笑って言った。

そして、そこから数年が経ったころだったか、親が留守中に家の電話が鳴った。私が出ると、その受話器の先はなんと親方になった千代の富士さんだった。祖父の名前を伝えられたので、ものすごく焦ってしまい、「やっ、やっ、え、えっとおじいちゃんにつなぎます！」と、私はかなりあわてて祖父につないだ。

そのあと、なにやら楽しげに対話が続いていたので、おそるおそる隣の部屋から聞き耳をたてていた。後に、この驚きの電話のことを母に伝えると、「そうそう、おじいちゃん交流があったからね」と自慢げに言っていた。

自分の限界を知ってもなお、ボロボロになるまで引退せずに立ち向かう人。ピークを知って、後腐れなく幕を引く人。あなたはどんな「やめ方」が美しいと思うだろうか。

私はその決断のどれもが、美しく、色っぽいなと思う。人間だなあと思う。機械では計算できない、その一瞬のキメ。生き方の美しさとは、そんな覚悟を決めたときに発露し、その人をあかぬけさせて、色気を漂わせるのだろう。

ヌードの期限

友人の写真家と久しぶりに喫茶店でお茶をしていた。カフェというよりは、「喫茶店」と言いたくなるような店内。大きめの店はミッドセンチュリー風のデザインで、重厚感のある煉瓦《れんが》の内装。コーヒーは、チェーン店では飲めない深煎りのもの。メニューには「プリンアラモード」などが並び、きっと数十年にわたってメニューが変わっていないことと、それに真っ赤なサクランボがついてくることまでをセットで想像できた。

つもる話も一段落したところで、ぬるくなったコーヒーをすすりながら彼はおもむろにこう言った。

「いや、最近初めて女性のヌードを撮ったんだよね」

「へえ〜、そうなんだ」

相づちを打ちながら、私は20代のころのことを思い出していた。当時、私は自身のヌードを撮りたかったのだけど、そのときの恋人にどうしてもいやだ、と止められた経験がある。結局別れたから、あのとき撮影しておけばよかったと後悔した。

その後、寒空の中で大きいお腹を出して撮影したマタニティフォト以外は、自分の体をメインに撮影することなくここまできてしまった。

その友人は、ごく普通の女の子からヌードを撮りたいと依頼があったことにすこし驚いていたようだったけれど、私にとっては、至極当たり前のことのように思えた。

体形が変化していくことは、当然、未来に待ち構えていることで、私たちは皆、それを理解している。女性ならば、胸は垂れるし、子どもを産めば妊娠線の一本や二本や十本は、刻まれる。体の曲線も重力には逆らえない。そして、20代の女の子たちが、これを自分のために残しておきたいと思うことも、とても自然のことのように思えた。

時間は不可逆だ。それは自明のことである。今撮影したとしても、20代前半のピチピチの私は、写真に写らない。

しかし私は、若くてたるみやシミのないなめらかな肌を美しいと思うと同時に、自分の妊娠線や、けがのあとや、勲章みたいに体内にある手術痕なども、美しいと思う。だから、撮影する機会があるなら、「40代の私を今、おさめておきたいな」と改めて思ったのだった。

そのすこし前に、同世代の友人たちと飲んだときのことを、思い出した。

そのうちの数人は、婚活をしていた。私たちは、自分の子どもを産むには、ラストチャンスかもしれないタイミング。もちろん医療も発達しているから、40歳をこえてもまだ二人くらい産めるかもしれないし、実際に産んでいる友人もいる。

仕事ができて、最高にかわいくて、教養があって、だれが放っておくのだ、という友人たち。しかし、婚活サイトで数字の情報だけで見ると、20代のそれよりは、苦戦しているようだった。

これまで一生懸命仕事に邁進してきた人だからこそ、現在、自分のキャリアを積み上げていて人間性もすばらしくて、大らかで。そんな友人たちが、単純な数字のデータだけで、知らない人たちから自尊心をくじかれるようなことが、なんだかものすごく悔しかった。

年下で、自分と比較するとすこしだけ学歴が低くて、報酬の少ない職種、もしくは、パートしながら家庭に入ってくれる女性。すべての男性がそういう女性を選ぶわけではないのはわかっているが、そういう価値観の男性が多いことも女性はみんな知っている。悪くはない。でもなんだかとてもはがゆい。

いまだにそんな価値観をつくりだしているこの社会。女性の焦りをつくりだしているこの世の中。どんなに、アメリカのセレブたちが、ノーメイクのナチュラルな加齢肌を晒《さら》して、「美しさの本質」を叫んでも、モデルたちの拒食の問題をメディアがとりざたしても、美しさの基準はすぐには変わらない。

そして、私の友人の30代前半の女性たちもまた、結婚について悩んでいる人が多い。「そろそろ」というソーシャルプレッシャーだけではなく、出産をするための生理的な身体機能のリミット。それを鑑《かんが》みると、そろそろ出会っておかないと！　そろそろ決めないと!!と思うのは、それも当然。

エーリッヒ・フロムは、著書『愛するということ』の中でこう言った。

「自分の交換価値の上限を考慮したうえで、市場で手に入る最良の商品を見つけたと思ったときに、恋に落ちる」

つまり、人は自分の価値をどこかで冷静に見積もり、その価値と交換できる人を知らず知らずのうちに探し、その射程範囲に入った最良のものと出会ったときに恋に落ちる、という意味だ。「恋」のメカニズムをシニカルに、極めて俯瞰してとらえた目線だ。そして、たしかに言い得ているかもしれない。社会からのプレッシャーを感じた人々は、自分の交換価値を見積もり、その価値が下がらないうちに、なるべく早くに恋に落ちなければ、と焦っている。

でも、こう思う。みんな、もうそういう恋愛とは、ちがう次元にいたらいい。だって、交換価値を考えるということは、自分のことを値踏みしている、ということだもの。そして、その価値がだんだん下がってしまうことを自分で認めているということだ。

どうかどうか、焦らないでほしい、と願う。そして社会も、どうか焦らせないでほしい、と願う。歳を重ねるごとに引き算されて、自ら価値を下げていくような、そんな体験をする人が、一人でも少なくなってほしい。子どもを持つことは人生においてとても大きなことだけれど、そのことだけで苦しまないでと願う。

体の傷も心の傷も生きていると増えてくるし、だれもがまっさらではいられない。張りのある若い体は美しいけれど、歳を重ねた体もまたちがった美しさがある。真っ白ではなくても、美しく色づけされた自分にしか出せない色が、自分を醸し出す雰囲気になってゆくのではないか。そして経験から心も体も育ち、唯一無二の作品になっていくのではないだろうか。

小さな子どもは「ママ、大きくなったでしょ」「早くおとなになりたい」と言う。でも、いつからか、歳を重ねることを恐れるようになる。

「これからの人生は、すばらしいよ。さらに幸せな毎日が待っているから、焦らずゆっくり味わってここまでおいでよ」って、方向を示してあげられる大人が世の中にもっとたくさんいたらよいと思う。

まずは、自分の体を愛してほしい。自分自身の精神をしっかりここまで容れて毎日動いてくれたその体に、ありがとうね、と声をかけてほしい。

だから、私はヌードを撮りたいな、と思ったのだった。妊娠線ばりばりの。

大凡人万歳

インスタグラムをのぞいていると、素人さんのメイク動画が流行している。海外のセレブの影響だろうか、渡辺直美さんの影響だろうか、もはや人々はスッピンを見せることを恐れない。それよりも、どれだけメイクで変身をとげたかというギャップのほうが、今の時代には価値があるらしい。あっぱれなくらいにすっぴんから、韓流スター顔負けのだれもが振り向くような美しい人に変化していく。

動画のクオリティも秀逸だ。まるで手品師のように、てきぱきといろんなメイク道具を出しては、カメラに見せて紹介していく。顔にさまざまなクリームをぬり、丸いスポンジで手際良くおさえていくと、どんどん顔が変わっていく。効果音なども入れられ、巧みにテンポよく編集されている。最後まで見飽きることはない。なんなら癖になってしまう。

変化するものを見るのは快感だ。その心地よさを、人は潜在的に知っている。そして、美しくなる物語は、今やメイクだけにとどまってはいない。

ここ最近では、プチ整形をはじめ、何千万円という大金をかけて整形をする人も増えている。その術後のダウンタイムを毎日ＳＮＳで公開し、美しくなるまでの過程を自らさらす。それを見た人たちは、ハラハラしたりヤジを飛ばしたり勇気をもらったりする。

しかし、だ。「好みの顔はつくれる時代だ！」という言葉に私はちょっとクラクラしてしまう。まあ、そうなのだけどさ。なんだか私には強すぎる。

容姿の美醜は、時代によって変化してきた。平安時代は、下ぶくれでふくよかな顔と体型が美しさの条件だったらしい。近年日本では、美白美白というけれど、欧米ではすこし小麦色の肌のほうが健康的でセクシーとも言われており、わざわざ焼く人もいるらしい。同じ時代でも国がちがえば基準は変わるし、そもそも人の価値は外見だけで測れるものではない。だから容姿を理由に差別的な言動をとることを「ルッキズム」と言って今は問題視されている。顔の整い方よりも、顔つきや表情、瞳から出てくる生命力のほうが、まちがいなく人に与える印象は大きい、と私は思うのだけど。

しかし残念ながら、その考えが社会に浸透するにはまだまだ時間がかかりそうだ。容姿が良い人は、それだけ好都合なことがあるはず。みんな表にだして言わないだけで、きっとそうなのだと思う。

だからこそ、整形して人生を変えようとする。数千万円かけるだけで生きやすくなり、人生勝ち組になれる。すこし手を加えるだけで、自信がつき、背筋がのび、人前でもハキハキ話せるようになる、という。

美醜というものさしに、自腹で大金をはたいて合わせることを個人に課してしまう社会に対して違和感はありつつも、その人が幸せになれたと思うなら、それは喜ばしいことでもあるのだろう。

そして、きっと問題は、ルッキズムの話だけではないように思う。整形というこれまでネガティブだったことに自らチャレンジし、体についた傷の痛みに耐えて打ち勝った、そんな感動の物語が大量生産されていることについて、ではなかろうか。

そこまでして、自作自演し、自らの人生を永遠に消費させつづけるような表現手段。そこに私は、ちょっと待てよ、と違和感をかくせない。表現とはそういうものだったのだろうか。顔という、体から突き出た一番大きなアイデンティティを変えてまで、得たいものとは、なんだろう。

足りないものを探し、それを求め続ける戦い。自分じゃないものになろうとしてしまう風潮、そこでブレーキを忘れてしまったどの人々にも「このままで大丈夫だから！」とただ、抱きしめたくなる。

そんな中、世の中にはSNSにも出てこない極めて平凡で幸せな人たちがいる。

「僕は大凡人《だいぼんじん》を目指しているんです。大凡人っていうのは、凡人すぎて、凡人が極まりすぎている人のことです。これが僕の個性だから、もっとプロの凡人になろうと思っていて」

昔ある友人が、自分のことをこんなふうに話してくれた。彼は、優しい女性と結婚し、子どもを一人育てて、都心からすこし離れたところに建売住宅を買った。ものすごく幸せそうに見えた。

人に優しく誠実で在ること。自分に嘘をつかないこと。自信をもつこと。そうして、自分の心を育てることは、やがて顔にでてくる。美しさとはきっと外から付け足した何かではなく、何かの体験を経て「自分を愛すること」に結実する、圧倒的な自己受容のあらわれた表情なのかもしれない。

整形手術の戦場を見ながら、その苦しい戦いがいつか終わればいいのに、とつい祈るような気持ちになる。

パートナー万能説

かれこれもう十年以上、テレビのない生活をしている。これはこれで、まったく問題がない。今や、ネットフリックスをはじめ、サブスクの動画配信サービスも増えたし、ニュースもネットで入手できる。いろんな方向に偏った報道を自主的に取り入れながら、自分の中心を探っていくよう。自分にものさしがないと、グラグラになってしまう。だからこそ鍛えられるし、ワイドショーでだれかの不倫問題をずっと見続けるより健全だ。

また、企業だけでなく、私たち個人も、コミュニケーションに気をつかうシーンが増えた。ポリティカル・コレクトネス、通称ポリコレもよく聞くワードのひとつである。特定の方々に不快な印象や不利益を与えないようにする配慮という意味だ。

たとえば、「カメラマン」という言葉が「フォトグラファー」に変わったり、「看護婦」が「看護師」になったりすることなどがそうだ。このあたりは、もう一般社会にも浸透している。今やうかつに、男性に「彼女いるの？」とは聞けない。性的嗜好がどちらにあるかわからないからだ。代わりに、「パートナー」という言葉を使う。前なら、だれかの配偶者のことを、「ご主人」とか「旦那さん」とか「奥さん」などと言っていたけれど、人によっては違和感があるので「パートナーさん」と言うようになった。最近では、事実婚なども多いので、法律的に夫婦ではない可能性もある。この場合も、「パートナーさん」を使う。

ここにきて、「パートナーさん」万能説！　外来語特有の、ニュアンスをボケさせる手段を、ここ10年ほどで身につけはじめた私たち。

ちなみに、場合によっては「ご主人」のほうが丁寧に聞こえるケースもある。コンサバティブな会合のご婦人に、「夫さん」や「パートナーさん」などと言うと、無礼にもなりかねない。ＴＰＯに合わせて使い分けることも大切なのである。やれやれ、気をつかう世の中だ。

メディアはもっと大変だろう。配慮しなければいけないところが、３６０度全方向にあるから、すべてに気をつかうと前置きが長くなりすぎる。過度の配慮から、意味が破綻《はたん》し、とてつもなく薄っぺらい内容になるのを見て、結局何が言いたかったのか、と頭をかかえてしまう。だれも傷つけないこと。それは、だれにも刺さらないのだよな。すべての表現はそうなのかもしれない。

だれにも届かない、宙に浮いた言葉たち。でもそうでなければ、今は炎上してしまう。なんだか皮肉なものである。自分の立場で自分の言葉で話をすること。そんな言葉の紡ぎ方ができないのであれば、なんと息苦しいことか、と思う。

そんな八方塞《ふさ》がりの対話の中でもたまに、思いがけず輝いた言葉に出くわすことがある。声の大きさではない。これが言いたかったのだね、とすぐわかるくらい、その人から出たその言葉だけエネルギーを帯びてきらりと光っている。心の奥深くから出た純粋な言葉は切実で美しい。

対話はすでにロジックではなく、感性が必要な時代になってきたということかもしれない。

模倣と写し

陶磁器には、「写し」という文化がある。昔のデザインや意匠を、模倣して同じ技法や図案でつくった作品を指す。たいていは昔に活躍した人の作品を「写す」ことが多い。たとえば、尾形乾山《おがたけんざん》という陶芸家の「乾山写し」などは有名だ。その当時、とても斬新だった紅葉の描き方、筆づかい、構図。今もなお、そのデザインは優れていて、たくさんの陶芸家たちがそのデザインの器を制作している。料理を選ばず、食卓に映える。京都の清水寺《きよみずでら》のあたりを歩けば、きっとどの陶器屋さんでもひとつやふたつは見るはずの有名な図案だ。

この「写し」。私は、そのデザインをそのまま模倣したものを、基本的には写しとは言わないと思う。売れ筋だからと同じようなデザインでつくるような、表面的な模倣は、基本的にコピーとか真似と呼び、区別したい。

その人や在り方をリスペクトする。伝記を読み、人柄を知り、その人の生き様、つまり哲学を写す。そうした精神性を表すものを「写し」と呼びたい。巨匠の哲学や生き様を理解するには、写す人にもそれだけの心の在り方が必要となるからだ。ただ真似たものではなく、その人の心意気を感じられるもの、魂をのせたものをつくりたいと思う。

しかし、乾山のように、時代を超えてとても有名になると、図案だけが一人歩きしてしまう。それっぽいものが、どんどんコピーされ、一般化して価値を失っていく。その一方で、本歌《ほんか》はどんどん価値をもっていく。本歌とは、和歌の世界で生まれた言葉。元々の古い和歌の言葉を用いて、オマージュしてつくる文化が流行しており、その元となった和歌のことを「本歌」と言った。陶芸の世界でも、同じ意味として使われている。

これと似たことがデジタルの世界でも起こっている。ネット上には、「インターネットミーム」と呼ばれる、パロディ的な情報が出回っている。ミームとは、ネタ要素のつよいコンテンツのことで、それが人から人に広がっていく行動やアイデアのことを指す。同じ曲で踊ってみた、歌ってみた、など、アレンジを加えられて拡散されたそのコンテンツはもう元ネタすらわからないものもあるが、それでも、何千回何万回と「写され」、ある一定のシェアを超えた瞬間から、リスペクトとともに元ネタ、つまり本歌をつくった人のフォロワー数が爆発的に増えていたりする。

テクノロジーにより、アートの分野もここ数年で劇的に変化した。ＮＦＴなどの技術を活用して取引されるデジタルアートが増え、より軽やかに、さまざまな創作物が資産的価値のあるものとして交換されはじめている。

ＮＦＴとは、オリジナルを証明できる、見えない証明書のこと。つまり、どれだけコピーされようが、「これが唯一無二の本物だよ！」と世界に声高らかに宣言できるということだ。そしてそれがさらに、ブロックチェーンによって、来歴、つまりだれの手に渡ってきたかもわかるようになった。その来歴により、また価値が上がることもある。

実はこれによく似た世界がある。それは骨董の世界だ。

骨董品は、古いもの、とくに価値の高いものになると、幾重にも木箱が重ねられている。まるでマトリョーシカのように、箱から出しては、また箱が出てくるものもある。作品にたどり着くまでに幾重にもなった箱。最後の黒ずんだ年季のはいった箱はもはや、貴重な作品の一部ともいえる。

そしてそれを開けて、ついに作品と対面する。それは強い存在感とエネルギーを放って、そこに在る。

そこで想像する。物質が発するエネルギーは、質量があるからこその感覚なのだろうか。データ上の質量を持たないものにも、よい作品があり、エネルギーを感じるものがあるとしたら、何をもって感じているのだろう。それは、人の手を介在したものかそうでないものか、というほど単純なものではない気がしている。

言葉にする作業は世界をつくること

早乙女くんが移り住み、拡張家族がはじまって1年ほどが経った。その後、彼の友人まで滞在するようになって、5人家族でのスタートとなった2021年。コロナはまだまだ猛威をふるっており、毎日ニュースが感染者数を伝えてくる。東京はまた緊急事態宣言が出そうだ。

家の中には、前にはなかった自分と子ども以外の気配をそこかしこで見つけることができ、うれしくなる。足音をひそめながらダイニングにだれかがくること、冷蔵庫から食べかけのものが無くなること（私のだったのに、ということも含めて）。お風呂の空気がほんのすこし湿っていて、数時間前にだれかがはいったことがわかること。そんな気配を随所で感じると、うれしくなる。気配は目には見えないが、もしかしたらそれこそが実体なのかもしれないと思った。そして、その気配の集積が「家族」なのか。ずっと考えていた家族の定義をつかみかけていた時期でもあった。

子どもも、大人を上手に使い分けるようになっていた。なにかおねだりしたいときは、早乙女くん。褒めてほしいときは、私。大人たちも、子どもの一挙一動に「やれやれ」という目配せをする。家庭がひとつの社会になりはじめていた。

家の裏にある、五山《ござん》の送り火で有名な大文字山《だいもんじやま》にみんなで登ったり、得意料理を作り合ったりもした。こういうあたらしい家族の形が、もっと広がればいいのに、と思った。

日本全国に大量にある単身のワンルームマンション。小さな家それぞれに、同じ形のバスルームがある。トイレと一体型のユニットバスを大量につくるのなら、もっと大きくて足を伸ばせる大浴場をフロアごとにつくって管理したほうが気持ちよくないだろうか、もう核家族で育てることに、限界があるんじゃないか、とか。みんなでそんなことを話し合って思考実験を楽しんだ。

一緒に住まずとも、近くにだれかが住んでいて、互いに助け合えるような距離感。その心地よい関係性とは、どのようにつくればよいのだろうか。そして、だんだんと幼児から少女になってくる子どもたちの目に、この家庭はどのように映っているのだろう。それを、私はとても気にしていた。

命をくれたパパとママは一人ずつ。それはみんな同じで大切な存在。でも、世の中のことを教えてくれるパパとママは、たーっくさんいてもいいんだよ。私が連れてくる友人は、みんな自分の親だと思ったらいいよ。私は子どもたちにそう言い続けてきた。

小学校に入学してすぐ、長女にとって大きな事件があった。長女の忘れ物に気がつき、早乙女くんが走って届けたときに、長女はお友だちから、「この人、パパ？」と聞かれたのだった。

とっさに長女は答えた。

「えっ、えっと……パパじゃない」

「じゃあだれ？」

この年頃の子どもに遠慮はない。

「えとね……（なんて言ったらいいんだっけ……）」

帰宅した長女が、困った顔で「ママ、みんなのこと、どういうふうに説明したらいいかわかんない。説明がすごく長くなるし、理解してもらえないかもしれない」と言った。

「たしかにそうだよね。じゃあ一緒に考えてみよう」

「一緒に住んでいるみんなのことを『この人、だれ？』って聞かれたら、なんて答える？」

言葉の定義を考えるはじめの一歩。これだけは私が答えるわけにはいかない。

そして、数日後、小さな体と頭をフルに使って、長女が出した答えはこうだった。

「『この人、パパ？』って聞かれたら、『大切な家族』って答えるよ」

そっか、彼女たちの「家族」という言葉は、血縁ではなく、書類上のものでもなく、初期設定からもうこんなに広がっているのだな、と私は心からうれしく思った。

その後、もしお友だちからもうすこし突っ込んだ質問を受けたら……を想定し、二人でいくつかの質問集を作った。そして最後に、もしお友だちに「そんなの普通じゃない」って言われて傷ついたのなら、「あなたの普通は私の普通じゃないよ」って言ったらいいよ。ちゃんと「嫌だよ」っていうことは伝えてもいいんだよ、と。やっと長女の顔が、晴れやかになった。

「ママ、ありがとう。もう大丈夫な気がする」と言って、ランドセルを勢いよく背負ってしっかりと歩んでいく。その背中を見ながら、誇らしい気持ちで無事を祈った。

人は、世の中にないものを言語化することで、理解する。小さな子どもにとって、言語化できない関係や存在は、とても理解しづらいことであるはずだ。私はそう思っていた。けれど、そうではなかった。言語化して物事を理解したいのは、頭でっかちな大人のほうで、子どもはその現象をそのまま〝まるっと〟受け入れる。心配しすぎていたことがバカらしくなるほど、子どもたちは柔軟で賢いものだと知った。

拡張家族のことは、大人の友人からはいろいろ突っ込まれた。「なぜその男性とあなたは恋愛関係にならないの？」ということも言われた。男女がひとつ屋根の下に住んだら、必ず恋愛に発展する未来しかないのだろうか。私はそうは思わない。人との関係はいろいろあっていい。

まるっと受け止められない大人の私たちは、何かを分類し、言語化することでやっとわかったと認識する。自分が分類した世界だけで、全部を理解できた気になってしまう。彼氏彼女だとか、夫婦だとか、家族だとか、先生と生徒だとか。白黒はっきりつけ、安心する。

子どものようにまるごと受け入れられないからこそ、社会のつくりあげた型にあてはめていく。そこからあふれ出たものは、「よくわからない」ゾーンに雑に分類される。

私たち、いつからこんなに頭がかたくなったのだろう。自分の言葉、自分の定義をつくること、そしてそれを誤解がないように伝え合い更新していく作業。それが、このあやふやな世界に新しい価値観をつくるということだと思う。

3
章

感性をひらくための思索

感じること。
それは人間に与えられた最高の能力だから。
五感をフルにつかって、人生をつくってみるために
どこに意識を向ければいいのかな。
そんな「心地よさ」を見つけるお話。

感受性と生きにくさ

感性をテーマにした本を書いたあと、数人から「感性と感受性のちがいってなんですか？」と質問を受けた。このあたりも言語化が難しい部分だが、私はいつも、「感性は、インプットとアウトプットの質、感受性はインプットの深さ」と答えるようにしている。

つまり感性の高い人は、外から何かを受け取る力があり、それを表現する質がいい。たとえば、いい詩を読んだときに、深く感銘をうけて肥やしにでき、それを自分の活動に表現できるのが感性。一方、感受性の高い人は、表現するか否かは別として、受け取る物事の深度が深いということになる。つまり、詩の意味をより深く理解し受け取ることができる。

最近はＨＳＰ（ハイリー・センシティブ・パーソン）という言葉をよく見かけるが、ＨＳＰとは、感覚や感受性の強い人のことを指す。敏感でいろいろなことを斟酌《しんしゃく》し、わかりすぎることで、生きづらくなっている人も多いと聞く。

私も小さいころから感受性が強いほうの人間だった。人の言動をよく見聞きし、人の言葉の音でその人のほしいものがわかるので、アシスタント時代はとても重宝がられた。だって、その人の欲することがわかってしまうんだもの。

しかし、プライベートとなると、それは生きづらさにもなった。人のことが見えすぎてしまう。相手が何を欲しているかがわかるので、自分のことをすり減らしてでもやってあげたくなる。そんなことを、家でも外でも四六時中やっていたものだから、もうくたくたにくたびれてしまった20代前半。そんなときに、母から言われたのがこの言葉だった。

「あなた、無視する強さを知りなさい」

ほらね、うちの両親は、子どもが一生宝物にできるような言葉をポロリと吐いてくれる。母自身も、ボーダーを超えて自分をすり減らしてまで利他的になる人であったので、今となれば私の行動を自分と重ねてよく理解してくれていたのだなあ、とも思うのだけれど。

時代は移り、今では私も歳を重ねて経験値をあげ、いい感じに図太くなってきた。丁寧にやりつつも、無視できることが増えたし、見たくないところをぼやかすことができる。まるで、カメラのピントのように、自分の問題でないところには適度に距離を保ち、踏み込みすぎない。でも大切な人だったら心は寄せておく、という絶妙な距離感を設定することができるようになった。歳を重ねるのも悪くないよな、と思う。

しかし、反対に自分の美意識や哲学に反することがあったら、それはぼやけさせない。ガチガチにピントを合わせていく。「何が不必要で、何が大切か」を自分の中で決めておき、それを規範に行動する。それが、自分の機嫌は自分で守る、ということなのかもしれないな、と最近思う。

感受性が高いことは、ネガティブなことではない。深くものごとを感じとれるのは能力だ。だから、表現してみる。それをそのまま感じ尽くしてみる。書き殴ってみる。踊ってみる。そうしているうちに、感じ取る力そのものを、自分の類いまれな才能として認めることができるようになるだろう。

やがて「無視する強さ」は、自分にとって本当に大切なことを「無視しない強さ」に変わっていくはずだ。

ものさしのメモリについて

「まあ所詮、夫婦って他人だからね」

夕暮れを背に歩きながら友人が話す。本当にその通りだと思う。別々の価値観をもった他人が一緒に生活するのだから、それは小さく、時に大きくぶつかることもあるだろう。

「私の旦那なんて、ぜったい服を脱ぎっぱなしにするのよ。大体ズボンもこんな形で廊下においてあるの。ああ、ここでまた脱皮して大きくなったのねって思う」

そう言いながら、彼女は大きく空中に横向きの8の数字を描いた。光景がありありとわかる説明に、私たちは笑った。

「でもね、あの人は仕事のことになると、別なの。グラスをほんとぴっかぴかに、指紋もホコリもまったくない状態に拭きあげるんだから」と続ける。彼女のパートナーは、バーテンダーである。

たしかにそこまできれいにガラスを拭くバーテンダーが、家の中でそんなに大胆に脱皮をするだろうか、と想像して、たまらなくおもしろくなった。今度会ったらニヤニヤしてしまいそうだ。私の「おもしろ人間図鑑」に加えておこう。

食に無頓着だけれど、ワイシャツのアイロンにはこだわる人がいる。器にはこだわるけれど、車にはこだわらない人がいる。

家の整理にはこだわるけれど、写真の整理はどうでもよい人がいる。こだわる部分は人それぞれだし、決まりはない。基本的にきれい好きから、たいていのことは大ざっぱまで、全体的なこだわりの強弱もあるだろう。

私はつい、自分にないこだわりのある人に好奇心を持ってしまう。感度のものさしのメモリがちがう人と話すことによって、自分になかった美意識が研ぎ澄まされると思うから。

昔、自分の車についているタイヤのホイールにこだわる男友だちがいた。ある日落ち込んでいる理由を聞くと、ホイールに傷がついてしまった、と言う。見ると大した傷ではない。鉛筆でさっと描いたくらいの傷が、5センチほどついていた。離れてみるとわからないくらいである。

「機能面に問題はないのだからそんなことどうでもいいのでは？　だれも見てないんじゃないの？」と言うと、「わかってないなあ」と言いながら説明してくれた。

車のホイールには、実はさまざまな種類があり、材質もスチールホイールやアルミホイールなどがあり、製造工程にも鋳造《ちゅうぞう》か鍛造《たんぞう》かなど選択肢があるらしい。ホイールのデザインが車体にマッチしているかだけでなく、重さなど乗りごこちも左右するようだ。

へぇ〜、まったく私の射程範囲ではなかったけど、興味深い。

「たとえばさ、ハイヒールのヒール部分に傷がついたら、すごくいやでしょ？　それと同じだよ」と言われて、「たしかに」と思った。何かひとつの分野にこだわりのある人は、別の分野での言い換えも上手である。

以来、車のホイールをよく見るようになってしまった。本当にいろんなホイールがついている。ホイールに対して、タイヤの薄さなどもざまざまであるようだ。どうやら、乗りごこちやスピードを大切にする車好きの人が、そこにこだわりをもっているらしかった。おしゃれは足元から、と言うものね。私の「車のホイール」へのものさしのメモリが、ほんのすこしだけ細かくなった気がした。

自分とちがうものさしを持つ人と付き合うこと。それは、それだけ自分の価値観を広げることになる。すべてに細かいメモリをもつ人もいれば、大体粗いけど一定の分野や物事だけ、非常に細かい人もいる。それは良し悪しの問題ではなく、おそらくそれが「個性」というものなのだろう。だれかの「偏愛」に触れることは、そういう情熱に触れること。執着する必要はないが、いろんな方面でメモリを細かくしておくことは、豊かなことでもあると思う。だから私は、だれかの偏愛に触れることが好きだ。

手で見て考える人たち

その扉を開けるや否や、鉛筆の濃い香りがしてくる。なんだか懐かしい匂いに感じる。部屋の中には何列もの蛍光灯が光っていて画用紙に反射している。外から来るとまるで青白い世界に迷い込んだようだ。チカチカする目を瞬きさせながら入っていくと、サーサッサッと、鉛筆を走らせる音が聞こえてくる。細身でメガネをかけた先生が近づいてきて声をかけてくれた。私が20代半ばに、デッサン教室に通いはじめたころのことだ。

「先日お電話したものです。今日からお世話になります。もう社会人なのですが、すみません」と言って名刺を差し出した。まわりの高校生や浪人生らしき生徒たちを見て、なんだか居心地が悪くなったからだ。先生はじっくり私の名刺を見て、「遅すぎることなんてありませんよ。しかもこの名刺からはプロ意識が感じとれます」と言ってくださった。

さて、1週間後、レッスンがはじまった。まわりでは、ずいぶん年下の生徒が、白黒写真と見違えるようなデッサンをしている。それに混じって、私は石膏型の基礎デッサンに夢中になっていた。目で見て、頭で認知したものの形を、脳から指先までの神経回路を通して描く。

なんて難しいことか。視覚でとらえた情報がそのまま手の運動に正確に結びつくこと自体が、そのときの私にはマジックみたいだった。

「手に職をつける」ということに憧れて、社会人になった。私の家は、陶芸の一家である。曽祖父が9人兄弟の長男であったため、そこから派生した一族にも陶芸家は多い。兄が継ぐことが決まっていたこともあり、これ以上陶芸の人口を増やしてもしょうがない、という理由からか、私は「陶芸はやるな」と育てられた。

しかし、大学時代に強烈に「手に職をつけたい」という思いが湧いてきた。まわりが就職活動をする中、私はそっちのけで、美容院などの手を動かすアルバイトをしたのち、結局、卒業してから陶芸の学校に入って学びはじめた。これが、私のものづくり人生のはじまりだ。

今では職業柄、まわりにも、手に職をもつ人、クリエイターが多い。2017年に、高級車ブランド、レクサスのプロジェクトに参加してからは、全国に職人の友人が増えた。その数、100名を超える。

長い制作工程の一部を担う仕事をする人、自分でブランドを持つ人、そして、ディレクターとして職人と一緒に仕事をする人、など立場はさまざまだが、ものづくりを生業《なりわい》としている人は、頭だけでなく、手を動かし、手をつかって考えることが多い。

以前、全国の職人との交流会があり、一人の漆職人にこんなことを教えてもらった。

漆の仕上げ磨きは、呂色《ろいろ》といって、数回に渡って鏡面になるほど磨きあげる。そして最後の工程は、必ず手を使ってやるとのこと。何よりも、手が細かなディテールまで感知できるからだ。また、木工の職人は、どんな機械でも見過ごしてしまうスプーンの曲面を、手だけで検品するという。それが一番正確らしい。私も、手を使って陶磁器の質感や、厚みを確かめることをするし、硬いと思われる焼き物のやわらかさまで手でわかってしまう。

手や指に脳がついているようだ。もはや脳を介さずに手だけで判断をしているのではないかと思う。「手は外部の脳である」という言葉もまんざら嘘ではなさそう。

デッサンの学習で知った、視覚と触覚をつないでいく作業。現代人が忘れがちな「動物的」な感性を呼び起こすには、手を使うということがヒントになるかもしれない、と気づかされたのだった。

私たちは、もともと持っていたはずのいろんな体の感覚をないがしろにし、データや数字といった目に見えるものだけで判断してしまう時代を長く過ごしてきた。コスパだ、タイパだといってすぐに結論をだそうとする。

とてもいい話だけどなんだかきな臭いとか、いいことを言っているのになぜかこの人は獣《けもの》の目をしている、とか。もしくは、すぐには結果が出ないけど、将来性があり今やる意義がある、とか、今がやめどきだ、というような直感的な判断が必要なことは、ビジネスシーンでもたくさんあるはずだ。でも、人はエビデンスがないと動けなくなってしまった。

そこで、手を使って考えることの意味がでてくる。触覚は人の温かみや存在までも、覚えている。

チャップリンの『街の灯』のラストシーン。視力を取り戻した女性が、昔助けてくれた男のことを、握手した瞬間に思い出す。刑務所から出所したばかりのみずぼらしいなりをした男。外見だけでは気づかない優しさ、温かさ、その人の存在をありありと、「手」が覚えていてくれたのである。

品や気配のような見えないものにも手触り感がある。人の触覚は、忘れてはいけないものを忘れないために存在するのかもしれない。

親のかたきのように

私は昔から、気に入った料理を飽きるまでつくる癖がある。これは、もう性癖と言ってもいいかもしれない。

春には鶏むね肉のサラダを「親のかたきのように」食べていた。「親のかたき」には、とても嫌いで憎んでいるという意味と、程度がはなはだしい、という意味がある。ヘルシーな鶏むね肉を低温調理でジューシーに仕上げ、ちぎったレタスの上にドン。オリーブオイルとハーブ塩、粉チーズ、カンボジア産の生こしょうをのせていただく。これが、めちゃくちゃおいしい。2日でレタス1個を食べてしまう。

夏ごろからは、キャロットラペにはまった。来る日も来る日もにんじんをスライサーでせん切りにし、レンジで1分加熱。カッテージチーズを加えて、オリーブオイル、醤油、ハーブ、塩こしょうで味つけして食べる。オイルをごま油にすると中華風、チーズを豆腐にすると白あえ風、などと味つけを変えることができる。その年は夏から年末までにんじんばかり食べていて、おまけに減量できた。これも最高においしい。

堪能している時期は一心不乱に食べているのだが、ある日、夢から覚めたように飽きる日がくる。朝、ふと食べたい気持ちを発見できなくなる。どこにいった、私の恋。

あの夢から覚めるような感覚は時に残酷で、あんなに大好きだったのに、スーパーの特売にも反応しないし、大容量で買うこともなくなってしまう。その食材の棚を通っても、ウキウキしない。そんな時代もあったなあと、名曲を口ずさみながら遠くの棚からにんじんの山を見つめる。そしてそのあとすぐに、また何か別のものに心変わりしていく。幸せな時間も、そして不幸な時間も長くは続かないのだ。

ごめんね、にんじんくん。今はズッキーニのソテーにハマっているんだ。レジに並ぶ私の買い物かごには、巨大なズッキーニが3つも入っていた。

食だけでなく、音楽でもよくやってしまう。一日中、耳になじんだ同じ曲を聴き続けながら、制作をする。たまに、ぐっと胸に迫る曲に出会うことがある。そんな曲は一日中聞き続ける。数ヶ月くらい聞き、歌詞も覚え、アーティストの声、息継ぎ、動きや気配のようなものまで体に入ってくる。途中から、曲が自分の呼吸と同化する感覚がある。そうなると、もうバックミュージックを超える。邪魔ではなくなる。

通常執筆中は、歌詞のある音楽が聞けないのだが、このときは別で、歌詞があろうが、なかろうが、日本語だろうが英語だろうが、もう私の一部になっている。数週間、聞き続けて、そして、やはりその日がくる。ぱたっと聞かなくなる。

恋が終わるときは、そのスピードについていけないどちらかが傷つくものだ。しかし、この場合、相手は物言わぬ食材や音楽。無傷な物語の終わり。こんなわがままな求愛を許してくれるのは食材と音楽だけなのではないだろうか。

最近、この癖にも意味があるのではないかと思っている。この、特定の音や味に熱烈に恋している時期。この数週間の出来事の記憶は、必ずこのときの五感とともに覚えているのだ。

食事中の子どもたちとの会話。車の中で音楽を聞いたときに思い出した情景や、自分の心の機微。いつも忘れっぽくて、いろんなことを同時並行にしてしまう自分が、大切な感情を忘れないように……と、いくつかの五感に感情を染み込ませておくことは、人生で忘れたくない大切なことを記憶しておくための作業なのかもしれない。

大きな買い物バッグを持って帰宅し、丁寧にガーリックをソテーしてから、スライスしたズッキーニを焼きはじめる。ジュワーという音と、その時期の記憶が、体に染み込んでゆく。窓の外の夕空、そして白ワインの香りとともに。

正しい対話より心地よい対話

人とのコミュニケーションには、ふたつの言い回しがある。「会話」と「対話」だ。会話が普段の日常会話だとして、「対話」はお互いのことを知るためのもう少し深い会話だと定義されているが、人とのコミュニケーションは深度の差があったとしても、お互いのことを知るための大切な交換だ。

「正しい対話」というものを定義することはできないが、私はこれまで何度か「心地よい対話」を体験したことがある。

その日、私は友人の男性とバスに乗っていた。彼は、写真家でおそらく世間的にいう「親友」といってもいいような関係だ。今でこそ、お互い歳をかさね、子育てなどもあるから頻繁に会うことはない。半年とか一年に一度くらい、お互いの立ち位置を確認してそれぞれに労《ねぎら》い合う。いつ会っても、自分のネジを巻き直してもらえるような、そんな間柄だ。

それはずいぶん昔のこと。お互いに独身で、京都の美術大学での展示を一緒に見に行くところだった。バスは京都の北のほうへ向かう。だんだんと街中を離れ、東山《ひがしやま》近くにさしかかる。京都は北東西の三方を山で囲まれているため、東に行けば行くほど、ふわっと見えていた山の解像度が上がり、緑が目に飛び込んでくる。高くはないビルや民家の向こうに、なだらかに続く山の端。時期は5月の芽吹きのころ。緑色に混じり、新芽の若草色がまばらに生えているのが見える。車窓からそんな風景を見ながら、その友人がぽつりと言った。

「実はさ、こないだ、恵美さんと山に行ったんだよ」

恵美さんとは、先日展覧会をしていた陶芸家の女性。私たちはその展示を一緒に訪れていた。

「そうなのね。いいね。緑がきれいな季節だよね」

友人は続けた。

「うん。それでさ、その山をテクテク歩きながら」

「うんうん」

「途中に、美しい木があって、その木陰で休もうかってなって」

「うんいいね。座りなよって言ってくれる木、たまにあるよね」

バスは走り続ける。細く開けられた車両の窓から、緑色のさわやかな風が入ってくる。

「それでね。しばらく、ぼーっとしてそこにいて。そして、木陰から二人で上を見上げたの。そしたら、葉っぱのすき間からとても高くて真っ青な空が見えたんだよね」

「うんうん」

「でね、その青空を横切るように、すうーっとツバメが飛んでいてね。そしたら、木の葉が、ぱらぱらぱらって光と一緒に落ちてきたんだ」

脳内でその光景がスローモーションでイメージされた。逆光を背負って、すごくきらめいている葉っぱ。それが、地面に落ちてくるまで数秒、いや数十秒か。そのあいだに、彼と恵美さんとのあいだで交わされた、きっと静かでまっすぐな決意が、手に取るように見えた気がした。

「そっか、あなた、その人と結婚するのね」

「うん」

なぜ、そう思ったのか、私にもわからない。こうして文字に起こしていても、木の葉が落ちたところから、ものすごいロジックが飛躍している。これが小説だったら、読者を置き去りにしすぎだ、と指摘がはいるだろう。

だけれども、私には、間違いなく、彼がその女性と体験した空気を、数少ない言葉の風から感じることができた。そして結婚を決めた決意まで共有させてもらえた気がして、すごくうれしかったのだ。その後、彼はその彼女と結婚し、今や一児のパパである。

この不思議な対話は、私たちの友情を深め、今でも二人のテッパン「すべらない話」として殿堂入りしている。

あのとき、たしかに感じた彼が発した言葉のなかの「風」。私たちが言語を超えて交わしているものは、きっと「正しさ」ではない。その余韻には何が隠れているのだろう。

私たちは、対話で何を交換しているのだろうか。

新しいメールの解読方法

「エモい」という言葉が市民権を得た。だれかが使いはじめ、２００７年ごろから存在しているらしいが、２０１６年の「今年の新語」に選ばれてから、流行しはじめた言葉だ。何かで感情が揺さぶられたときや、哀愁を帯びたような感じを表すときに使われる言葉だ。

流行は循環するもの。すこし長く生きると、30年ほど前に流行った言葉に再会することもある。敗者復活、もう一度流行するのである。もはやシャギーでも、レイヤーでも、スパッツでも、レギンスでも、どうでもよくなってくる。

最近、驚くべき記事を読んだ。若者がＬＩＮＥなどの句点に、威圧感や怒りを感じてしまうという。え、「。」って、文章の最後に普通につけるものじゃないの？　ってびっくりした人、大丈夫です。仲間です。

昔のメールの送受信とはちがい、ＬＩＮＥの場合はリアルタイムに文字で会話が行われる。句点で会話が切られることで、「これ以上コミュニケーションを続けたくない」という意思表示に受けとる人もいるようだ。逆に、エクスクラメーションマーク「！」、通称ビックリマークは、びっくりしている意味ではなく、丁寧さとか明瞭さを表現しているそう。え、ビックリマークだよね。びっくりしたときにつけるやつじゃん！　と思うのだけど、現代ではちがうこともあるみたい。

時代によって、言葉の持つ意味が変化していくのは当たり前だが、このような記号の意味や、メールの読み方も変わるのだなあと、不思議な気持ちになった。お作法を知らず、不本意にマウントや威嚇《いかく》してしまったことがあるのかも、と自分のやりとりをかえりみた。

先日、ある男友だちの恋愛相談を受けた。私の友人の女性をどうやら気に入っているらしい。彼は何度かやりとりしたのだが、次のメッセージが返ってこないとのこと。

「追いラインするのも嫌だし」と言う。

なんだよー、めんどくせーな。追い鰹みたいに言ってるんじゃないよ！　という言葉を飲みこみ、相談にのる。

基本的に、メッセージの返信がないのは、①見落としている、②返信の時間がない、③返信したくない、の三択だ。

優先度合いも緊急度合いも、当たり前のことながらそれぞれちがうのだから、しょうがないじゃん、と思うのだが、つい③の理由を想像してしまう人が多い。ほとんどの場合、①か②だから、再度ＬＩＮＥをして、緊急であることを伝えるほうが早かったりするんだよ！　と伝えたのだが、もじもじしているので、結局代わりに相手の女友だちに連絡してあげた。まったく世話が焼ける。

③を想像してしまうのは、急かして相手の印象を悪くしたくないというよりも、フラれる、傷つけられる恐怖が根底にあるからだ。

なるべく傷つきたくないから、わかったふりをする。深入りしないくせに、深読みする。そういう、消極的な自己防衛のコミュニケーションが、今の時代の新しい構文をつくっていく。

新しいメールの解読方法がどんどん変化していくのは、その人たちが、リアルに深入りできないからこそ、リアルにつながることが怖いからこその、文字や記号に込めた祈りの方法と言ってもいいのかもしれない。届け！　この気持ち！　伝われー!!

逆に、絵文字だらけのメール構文もある。年配の男性層がよく使うため、若者たちが揶《や》揄《ゆ》して「おじさん構文」と言うらしい。みんな、自分は傷つきたくないのに、人には言いたい放題である。

自分よりもジェネレーションの若い人にメッセージするときに、少しでも威圧感を軽減したくて、絵文字を乱用してしまう。その絵文字の重なりに、いかんともしがたい哀愁がただよっている。かわいいぞ。嫌いじゃないぞ。対話を通した心の駆け引きが、絵文字や句読点にまで思いを詰め込む。

「。」や「、」に、そこまでの責任を負わせないでくれ。そんなに重いものを伝えるために奴らは存在していない。

あなたに会いたい。気になっている。もうすこし話したい。一緒にいたい。もっと、直接的でいいではないか。さあ若者たち。今すぐスマホをとって気になっている人にメールをするのだ。

ヨガで体と向き合う

朝起きても、なんだか疲れがとれない。昼過ぎのテレビＣＭの売り文句みたいに、とれない。子育てに仕事に、社会的な新しい立場も加わり、どれも優先順位が高い。自分のことだけに時間を使えた日々があったのはとうの昔。もはや前世の記憶かも。

そりゃすぐ疲れるのもあたりまえだよね、ということで、体を鍛えるために、一念発起してヨガをはじめることにした。数年前に出会った友人がヨガの講師をしており、話をして以来ずっと気になっていたのだ。そして、偶然にもその友人と近所のカフェで再会し、とんとん拍子に習いにいくこととなった。

体力には自信があるつもりだった。中学高校と運動部に所属していたし、土日も部活、腹筋が割れていた時期もある。出産前にはフルマラソンも完走。仕事柄、重いものを運ぶのにも慣れている。出産してからは、さらに腕の筋肉もついたはず。

ヨガとは、古来、心身を鍛錬によってコントロールし、精神を統一する宗教的な修行のひとつだった。現代では、宗教というよりは身体的なエクササイズが中心だ。私の習いはじめたヨガは、「ジバムクティヨガ」という。ニューヨーク発祥で「生きとし生けるものすべてに思いやりを持つことで悟りを目指すヨガ」と提唱されている。「悟りを目指す」とな。どちらかというと、リラクゼーションのためではなく、一本筋の通った「哲学」に近いものだと想像をふくらませる。

そのヨガ教室は、近くのお寺の本堂を借りて開催されていた。いかにも京都らしい。場も相まって、きっと心身ともに安らげる時間になるはずだ。

新しく購入したウェアに身を包み、徒歩15分のお寺へ向かう。なだらかな坂を下り、大学を通りすぎてお寺の敷地に入る。すこしだけ緊張しつつ、でも気持ち前のめりになりつつ、1回目のクラスがはじまった。

体のひとつひとつの細胞に、脳から指令を出す。すると体がそれに応えようと動く。しかし、思ったように動かない。すべての動きに、重力が作用してくる。助けてくれることもあれば、逆らってくることもある。

私たちは、この世に生まれた瞬間から、どんなときも例外なく「重力」を用いながら動いている。にもかかわらず、それを使いこなしているかというと、そうではない。地球の中心に引っ張られるように、たかだか二十数センチのふたつの足の上に均等に重力をのせること。ただただ真っすぐに立つことすらも、実はすごく難しい。無意識のうちに習得していることに、どれだけ、自分がふだん意識を向けていないかを知らされる。

途中、シルシャーサナといわれる、逆立ちのポーズがある。組んだ手と両肘で三角形をつくり、その中に頭をいれる。その4点で支えて逆立ちするのだが、これも同様に難しい。足で立つよりも広い面積で体を支えているはずなのに、立てない。笑えるほどバランスをとれないのだ。初日は、それこそバッキバキに、全身筋肉痛であった。

「え、ヨガってこんなきついスポーツでしたっけ?」と友人である先生に話すと、ははははっと豪快に笑われた。

元運動部の威厳にかけて、負けたくない。こうして、体と向かい合う日がはじまった。体に集中し、小さな筋肉や細胞に意識を向ける。筋肉の動き、細胞が開く感じを確かめる。そうすると、自分の体の小さな反応に気づきはじめる。あ、この筋肉が動いた。意識するところが、ちゃんと応えてくれるのだ。

脳から意識を向けた筋肉までをつないでいくと、なんとなくその線が見えるような気がしてくるから不思議。その線をもう少し俯瞰で意識すると、体自体が大きな容れ物であるように思えてくる。生まれたときから付き合っているこの体を、客観的に見ることは本当に少ない。

「自分のものだから」と、若いころから体を酷使してきた。自分の精神と、容れ物としての体が同じ場所にあるから、自分のものだと思っていたけれど、この大切な体を、意識的に、別のものとしてとらえてみる。自分の精神と体の間に、すこし距離をつくってみる。すると、一生懸命動いてくれたこの体を、慈しもうという気持ちが湧いてくる。

体と向き合うというのは、字の通り「向かい合う」ということ。向かい側に置いて、自分の所有しているものではないことを知る。自分がコントロールできるものではないことを知る。これって、人間関係にも言えることかも、と世の中の道理をひとつ得たような気になった。

当たり前をつくる作業

私はここ数年、拡張家族という形で生きてきた。血縁や結婚だけではない新しい家族としての共同体。

他人どうしが家族になるための、これまでの通常のプロセスは、男女が出会い、恋に落ち、結婚を決意し、入籍する。そして子どもを授かる、という流れだ。もちろん今は、子どもがいない家庭も多いし、授かり婚とか交際0日婚なども増えてきている。

拡張家族のプロセスは、恋愛結婚出産などをすっとばして、家族になること。まず一緒に住んでみて、日々の生活を共にすること。お互いを縛り合わずに、だんだんと同じ匂いになっていくこと。

私の中の「家族とは？」を紐解く壮大な社会実験。そして、私だけでなく、集まった人が自分の「家族とは？」を考えていくような場になればと思った。

子どもの福祉を考えた学びの場をつくっていく。それは、とてもクリエイティブなことだが、同時に責任のあることでもある。最近では、そういったいわゆる既存の社会システムから逸脱した「心地よい家族」をつくっている人も多いと聞く。数年前に流行ったドラマ『逃げるは恥だが役に立つ』、通称「逃げ恥」は、契約結婚をテーマにパートナーシップの本質をついた内容だった。ここ最近では、アニメ『SPY×FAMILY（スパイファミリー）』でも、契約結婚、偽装結婚の中でだんだんと家族愛が育まれていく様子が描かれている。「家族とはなにか」。この問いは、つまり今の社会ではとてもニーズがあるものなのだ。

今、日本のひとり親世帯はおおよそ135万世帯。ここ数年、私のまわりでもシングルマザーが増えた。一般的な核家族で生きていても、いつ何が起こるかわからない。突然の配偶者との死別もあれば離婚もある。この拡張家族システムがマジョリティな家族と併走していくのは、社会的にもメリットがあることだと思う。

しかし、世の中の「当たり前」は、昭和からあまり変化していない。今でも「普通」は、夫婦で同居して子どもを育てるものだし、稼ぐのは男性、家事は女性という風潮も引き続き根強くある。共働きがかなり多くの割合を占める現代でも、だ。相手が思っていなくても、自分自身がその当たり前に縛られていることも少なくない。

団塊の世代の両親に育てられた人々は、自分が育てられたときの当たり前と、自分の子育ての当たり前のあいだに、大きなギャップを感じることも多いのではなかろうか。これからの世界に必要なものと、持ち越さなくてもいいもの。それを、ひとつひとつ選び取っていくには、自身の経験や時代を見る目も必要になる。

選択的夫婦別姓制度もずっと議論されているが進まない。夫婦が必ず別々の元の姓を使いつづけるという制度ではなく、配偶者と同じ名字になることも選べる。選択肢が増え、自由度も上がる制度のはずなのに。

夫婦が同じ氏を名乗るのは、明治時代からはじまったと言われている。ほんの4、5世代前のことだ。現在でもほとんどが夫のほうの氏を選択していて、夫が妻の氏を選ぶと、なんとなく世間に対して理由が必要な雰囲気になったりもする。

そして、法律婚を選ばないパートナーへの同等の権利も、まだ不十分と聞く。最愛の人の最期を看取れないような不遇にあう人も少なくない。

進みはじめたものを止めることも、止まってしまったものを再度進めることも、とてつもなく労力と時間がかかるものなのだ。

社会が急速に変化している。世の中は「風の時代」と呼ばれ、ここ数年で、より自由度の高い生き方が尊重されるようになってきたように思う。制度を大きく変えていくよりも、個人ベースで「当たり前」をつくっていく。そんなリアルな動きが大きく社会を変えていく。そしてやっと10年後くらいに、制度が追いついてくる。残念だけど、制度ができるのはいつもずっとあと。

そして個人の変化につながるのは、いつもピンチのときである。どうしようもないとき、人はこれまでのやり方を大幅に変える必要に迫られる。ピンチこそが、最大のアイデアにつながりイノベーションを引き起こすのだと思う。

今日も料理をつくって、一緒に住む家族で食べる。ふたをあけてみると、家族を家族たらしめるものは、私にとって「名字」でもなく「書類」でもなく、「食事」だった。一緒に料理をつくり、ご飯を食べて、「おいしいね」と言い合う。この時間の積み重ねが、ゆっくりと家族になっていくために必要なものだったのだと、後に気がついた。

4章

合理性をはずしてみる

合理的かどうか、で選ぶ時代が長かったから、
非合理なことを選ぶのには勇気がいる。
でも、今こそ、価値観を逆転させる。
そんな「新しい選択」のお話。

立場を与えてくれるものたち

東京って、不思議な街だ。たくさんの人がいて、たくさんの街がある。それぞれの街に住む人の層も全然ちがう。オフィスワーカー、クリエイター、子育て世代。職種のちがいや経済格差によって、それぞれの生活がほぼ重なることなく暮らしている。対して、その街と街をつなぐ満員電車内。海外でも風物詩になるくらい混雑するその中では、他人同士が息をひそめて密着している。「袖振り合うも多生《たしょう》の縁」と言うが、ここにご縁は見出せなさそうだ。

さて、東京出張にきている。

夕方、表参道でミーティングを終えて、夜ご飯を食べる約束の友人宅へ向かっていたところ、信号待ちの交差点でふと花屋が目に入った。「特価」と書かれた、両手で抱えられるくらいの紫色の花が目に飛び込んできた。濃くはっきりした紫色の小花で、花は水分をあまり含まず、そのままドライフラワーにもなりそう。あのおしゃれな友人の家には、きっと似合うだろうなと思い、気づけばレジに並んでいた。

旅先で花を買うのって、思えばとても珍しい。きっと素敵に生けてくれるだろうな。花を買った私の足どりまで軽い。「花をプレゼントしたい人」がいて、私は幸せだなと思った。そうじゃないと、私はきっと一生、東京で花を買うことはなかっただろうから。

子どもがいなければ、私は「親」にはなれなかった。血のつながりがあろうがなかろうが、その存在が自分を「親」にしてくれている。同様に、スタッフや一緒に働いてくれる人がいるから、私たちは「ボス」という立場を与えられる。配偶者がいるから「夫」や「妻」という立場を得られている。

「立場を与えてくれるもの」のことを想像すること。その考えに行き着くには、ものごとを逆転で見る必要がある。自分が子どもをもつと決めたから、自分が人を雇用したから、自分が結婚を決めたから。そんなふうに自分の力で得たものだと錯覚すると、大切なことを見失ってしまう。

電車に揺られて、日の沈む方向へ向かう。今日の打ち合わせがうまくいったからか、なんだかやけに美しい。どこかへ急ぐ、同じ車両に乗り合わせた人の人生を思う。

美しい夕焼けを見たときに、それを知らせたい人がいること。

おいしい料理よりも、それをつくって一緒に食べたい人がいること。

だれかに勝つことよりも、応援したい人がいること。

「与える」ということも、「与えたい人」がいるからこそ、世の中の優しさが成り立つことに気がつく。

「愛され女子」になるノウハウよりも、だれかを大切にする気持ちや、愛させてくれる存在に気づくほうが大事なのかもしれない。愛されるよりも、愛せる人がいることが豊かなのかもしれないな、と。

京都に戻り、この大切なことをいつでも思い出せるように、お花屋さんで友人に買ったのと同じ花を自宅用に買った。ドライフラワーにしよう。その花は名前を「スターチス」といった。ふと花言葉が気になり調べたら「remembrance（記憶）」だった。

記憶か。そのままだね、と笑った。

合理性と美意識のバランス

20代前半、私は佐賀にいた。佐賀県の武雄《たけお》という温泉街に住み、山をひとつ越えたところにある「今心《いまじん》工房」という工房をもつ陶芸家の元へ弟子入りをしていた。修業先では、仏画を描いていたこともあり、技術の修業に加え、精神修業の毎日だった。引っ越しのときに乗ってきた京都ナンバーのトヨタの中古車で移動し、特売のスーパーに並ぶ。恋人はつくらない。友だちもつくらない。休みの日は山に登り頂上で一人抹茶を飲む。冬には滝《たき》行《ぎょう》をした。ずいぶん変わった人間に見えていたのではないだろうか。

修業を終え、倹約して貯めた100万円を握りしめて京都に戻り、実家の一室で自分の工房をはじめることとなった。そのときに父に言われた言葉は強烈だった。

「お前、売れるもん、つくれよ」

売れるものとは何か。当時の私には禅問答のような言葉。真意を読み解くのは難しい言葉でもあったが、この言葉がなかったら、今の自分はいないかもしれないほど、大切な言葉になった。なぜならクリエイターという職業の人々は、だれしも合理性と美意識のバランスをとっているからだ。画家、デザイナー、建築家、ヘアスタイリスト、料理家など、だれもがきっとそうだ。

たとえば、料理屋さん。自分が手をかけたものを食べてほしい。でも人気になると、手が足りなくなるし、多店舗展開したほうが、効率的にお金を生む。しかし、店舗を増やしてしまうと、自分が調理したものを食べてもらうことができなくなる。弟子にしっかり教えても、それは100パーセント自分の哲学が入ったものかというと、ちがうだろう。合理的にお金を生むことと、自分の美意識のジレンマが生じる。

画家などのアーティストもそうだ。あと一筆、あともうすこし、と時間を考えずに自分の美意識を100パーセント注ぎ込んだものをつくりたい。しかし、そうすると作品の金額が跳ね上がってしまう。金額を上げなければ、時給に換算するととても少額になるかもしれない。事業でやるのであれば、優先順位を決めて、どこかを省略して折り合いをつける、などの合理性をもたなければならないこともある。

程度の差はあれ、こういったバランスを、だれもがとっている。その中で売れるものをつくり、ごはんを食べていくことは、リアルにものづくりを生業とした人にしか、得られないバランス感覚でもあるのだと思う。

父からの言葉を受け取ってから、数えきれないくらい個展をし、何度も挫折をした。個展で売り上げが0円のときもあった。その展覧会に立っているのがくるしい。穴があったら入りたい。一刻も早く終わってほしい。そんな日もあった。

ここ20年ほどで、ものづくりの業界も変わった。副業OKな会社も増え、パラレルキャリアやセカンドキャリアとして芸術を楽しむ人も増えてきた。私の友人のなかにも、企業で働きながら画家をして副収入を得ている人がいる。

前よりも、「売れる」ということをストイックに求めずとも、今では多様な選択肢があり、もっとおおらかにものづくりができる。そして、もうひとつ気がついたことがあった。自分の人生の山や谷を何度か繰り返すうちに、合理性と美意識のバランスも、そのタイミングによって変えていけばよいのだ、と思えるようになってきた。今は、子どもが生まれて時間の余裕がないから合理的に稼げることに注力しよう、今は落ち着いているので自分の美意識を尖らせていこう、など、ライフステージに合わせて、ちょうど良い塩梅でものづくりに関わっていけばよい。

合理性と美意識のバランスをとることは、クリエイターだけでなく、ほかの仕事をしている人でも同じく大切だ。長い人生、ずっと美意識のみでは生きられないこともある。しかし、ここだ、と思ったときに、ピンピンに尖らせられるだけの感性は持ち続けていたい。だから美意識の筋トレは、毎日コツコツしつづけるのだ。

「サレンダー」という言葉について

本を執筆するお仕事をいただきはじめて、早4年くらい。ずっと言葉のアウトプットを繰り返していると、すこしずつ語彙力もあがってくる。なるべく誤解のないように伝えたいから、具体と抽象を丁寧に行き来しながら言葉にしていく。一部の界隈で特殊に使われている表現は使わないように、などにも気をつかう。

二冊目の著書では「私らしい言葉」とは何かについて書いた。言葉は、何かを伝えるための道具でもあるけれど、自己表現の手段で、さらには世界を変える原動力だ、と説いた。だから、いつも注意深く扱い、人の言葉に耳をかたむけるようにしたい。そして、世界をより良い方向に変えていけるような「力」として言葉を使いたい、と改めて思った。

先日、ある海外の起業家さんたちと会食していたとき、対話の中で「surrender（サレンダー）」という言葉が出てきた。

「サレンダー」とは、日本語に直訳すると「降伏する、明け渡す」や「感情、悪癖などに身を任せる」という意味だ。たとえば、「敵に城を明け渡す」や「誘惑に負ける」「悲しみにくれる」といったときに使う。戦いの場を想像してみてほしい。籠城していたが本丸を攻められ、丸腰で両手をあげて「はい、降参します」と城から出てくるような絶体絶命感。

しかし、そのときの対話の文脈では、なんだろう、もっとポジティブなものに使われているような気がした。言うならば、「ゆだねる、任せる」というようなイメージだった。

カタカナで使われている「サレンダー」は、近年では、自己啓発や占いやスピリチュアル系の書籍などでよく見るようになった。そこでは「降参」ではなく、同じく「ゆだねる」というような文脈で使われている。

たとえば、やりきったプレゼンのあとの結果発表を待つ感じとか、大切な人に思いを伝えてあとは運命に任せる、というような。もう自分の手から離れてしまったこと、自分ではどうにもできないものを、「ゆだねる＝天に任せる」というような意味だ。

もともとの意味である「降参」と、今の使い方である「ゆだねる」。「自分の手ではどうにもできない」という意味では同じだけれど、それを発する心持ちはまったくちがってみえる。「降参」は先ほどの例のように、もう打つ手がない、とあきらめている感覚に近い。

一方、「ゆだねる」はどうだろうか。もっと自分の運命に身を任せるような、軽やかさを感じるのではないだろうか。「あきらめ」や「捨て身」ではない、それはきっと「信頼」に近い。どんな結果がもたらされようと運命を受け入れるという能動的な決意のようなものを感じる。そうだ、あの有名な言葉を思い出した。「人事を尽くして天命を待つ」だ。

この世の中は、どうにもならないことが多い。それがあきらめの上の敗北だと思ってしまえば、生きているのがつらくなる。うまくいかないことの「とらえ方」を変えるだけで、事実は同じでも「自分が自分の人生を動かしている」という手綱《たづな》を離さずにいられるのではないだろうか。

これまで私たちはずっと、「なんとか」しようとしてきた。人の行動をコントロールし、自分の気持ちを押さえ込み、なるべく合理的に、最短距離で、思っている結果を出すために自分の運命さえコントロールしようとしてきた。だが、「降参」ではなく「ゆだねる」という意味でこの言葉を使う人たちが、今、世界中に増えているとしたら、きっとみんな「合理じゃもう進めない」ことに気がついているからなのではなかろうか。

これからの未来に、あたらしい幸せの在り方を考え続けてきた人が、たどり着いた言葉のような気がした。

人生の待ち時間のこと

朝の散歩を終えてスタジオに来て、コーヒーを淹れるためにお湯を沸かす。沸くまでのあいだ、キッチンのカウンターに腰をゆだねて窓の外を見て、考えごとをする。たとえば人生の待ち時間について。

人生には、たくさんの待ち時間がある。独り身で、自分の時間をすべて自由に使える立場だったとしても、待ち時間はできてくる。だれかと一緒に生きることを選べば、さらに足並みをそろえるための待ち時間が発生する。年下の男友だちに聞くと、「いや、待ち時間なんて僕の辞書にはありません。すべて有効活用してみせます」と、鼻の穴をふくらませながら言う。たしかにそうかもしれない。余白時間、と定義できるものはね。

朝、コーヒーのためのお湯が沸くまでのあいだ、だいたい3分。

ランチを注文して出てくるまでの時間、だいたい15分。

窯をたいて、冷えて出すまでの時間、17時間。

会社を辞めてあたらしい仕事につくまでのあいだ、それは人それぞれ。

こういう時間は、動ける「待ち時間」だ。コーヒーのお湯が沸くまでに、意識高く英単語をひとつ覚えることだって、会社を辞めてあたらしい仕事につくまでのあいだに、趣味をひとつ増やすことだってできる。「待つ必要がある時間」だとしても、その時間に別の予定を入れると待ち時間ではなくなる。待ち時間を有意義に過ごすことに対して命をかける効率的な人々。私もそういう人間だ。

変化させられたのは、子育てがはじまってからだった。自分の思うようにいかない「待ち時間」が発生する。子育てでは、すごく長い時間、子どもが何かするところを待っている。

子どもが自分で靴をはく時間。

お菓子を選ぶ時間。

泣いて一通り駄々をこねて、機嫌を直すまでの時間。

そして、自力で何かにチャレンジする時間。ひとつの命と寄り添い、足並みをそろえる美しい時間なのだが、うまくいかない。チャレンジする、泣く、過程を見守ることにも忍耐が必要だ。

「どうしてできないの！」「早くして」「片づけないと捨てちゃう」などの育児書の三大タブー発言を、ぐっとこらえて口角をあげる。もちろんこらえられずに、イライラとしてしまうこともある。いつかこんな時間もなくなってしまうのだ。自分が子どもの後ろを追いかけるようになる日も、そう遠くない。

もっと苦しい待ち時間もある。

病気になって治癒するまでの時間。

鬱になって外に出られるようになるまでの時間。

運気が下がってまた上がってくるまでの時間。

自分のコントロール下にない状況で、待つことしかできないそのあいだ。この日が一生続くかと思われるなか、ただ、未来からやってくる光を信じて、ぐっと耐え忍ぶ。孤高にただ自分と向き合う時間。そんな時間も、人生できっと何度かあるかもしれない。

孤独に身を置いて、虚空を見続けているような時間。その時間をじっと耐える。人をうらやむことなく応援する。腐ってしまわない。

そして、だれかとの別れを待つための時間、というのもある。別れることに心が納得するまで、ただ、その人との最後を慈しむ。待つことには「信頼」が必要だ。自分への信頼でもあるし、他者への信頼でもある。その時間を耐えた分だけ、その後の人生に必要な心の容量が広がるのだ、と思う。

家が秘密を教えてくれるとき

この物件を借りた日に、大家さんから言われた言葉。

「奥にね、井戸があるのよ。でも、もう使えないと思うわ」

この物件とは、銀閣寺《ぎんかくじ》に近い私の主宰するブランドの店舗である。この場所と出会ったのは8年前。当時の店は、京都の中心街にあり、工房はまた別の場所にあった。その不便さから工房と店を一緒にできる物件を探しており、そのときに出会ったのが、今の物件。築100年くらいの元旅館だ。

予定していたより大きな建物だったので、はじめは躊躇《ちゅうちょ》していたが、物件検索でなぜか毎回目に飛び込んでくる。内覧にいくと、しばらく使われていなかったせいかちょっと空気が閉じている。「すこし風を通してもいいですか?」と窓を開けると、さあーっと心地よい気が流れた。きっといろんな人がここに泊まり、近くの銀閣寺さんを参拝し、英気を養っていった場なんだろうなと感じた。「もてなしの時間を提案したい」という器のコンセプトともぴったりだ。

「よし、少し広いけど決めた！　この場を育てていこう」

そう思い、即決した。古い家に生まれ育った私は、家のいろんなところに、神様がいると教えられてきた。家とは、使うだけのものではなく、「育てていくもの」だと、どこかで信じていた。

それから数年。そこでこの場にとことん付き合ってみようと思ったのだ。

毎日掃除したり整頓したり、家のケアをしていると、だんだんと空気が整ってくる。使う、使われるという関係ではなく、ともに生きているような気持ちにすらなってくる。そしてやがて家自身が心をひらいてくれるような気がしてきた。不思議な感覚なのだが、拭き掃除をすると場が喜んでいる気がするし、壊れたところを繕《つくろ》っていくとその場が静かに落ち着いていく。空間までなんだかひとつの人格をもっているように思える。古い物件と仲良くなるにはそれなりに時間がかかるのである。

コロナ禍のあいだも、この場にたくさん助けられた。小さなマンションに住んでいたら、もっと気持ちが滅入っていたにちがいない。友人たちが少人数で遊びに来てくれ、これからの世界について話し合ったり、笑い合ったり、元気づけ合ったりした。

コロナが落ち着いてきたころ、こんなにもみんなの居場所をつくってくれたこの物件自体に感謝し、生かしていくためにできることはないだろうか、と考えた。そして、頭のすみっこのどこかで、「もう使えない」と言われたあの井戸のことを考えていた。この場所に恩返しをし、丁寧に整えることは、あのパンドラの箱を開けることからはじまるのではないか。

そんなわけで、ある日、井戸のふたを開けることになった。井戸は直径1メートルほどの丸いコンクリートの枠が地面から膝くらいの高さまで立ち上がっている。成人男性二人がかりで鎖を切ってふたを持ち上げる。全身に力がはいって手が汗ばんだ。

がこん！　という大きな音とともに、ふたがはずれて井戸の中があらわになった。内部は上のほうまで石の混ざった砂でみっちり埋められていた。だれかが、いつかのタイミングで埋めて使えないようにしたようだ。

「もう使えませんね。でも、もう一度掘ることもできますよ」と井戸掘り屋さんが言った。

もともと水脈のある地域なら、もう一度井戸を引くと高確率で水は出るらしい。それを大切に循環させるというのは、この家にとっても、人にとっても、とても意義のあることではないだろうか、と思いはじめた。

井戸を掘るということは、「神様を迎える」ということ。このあたりから、もう自分のエゴで決めることではないような気がしていた。神様にも筋を通さねばならない。私にそのお役目があるなら、ありがたく担《にな》わせていただこう。この家のため、この場所のために。そんな気持ちが自然に湧いてきた。そこから自然な流れで、人生初の井戸掘り計画が進んでいったのである。

非合理なことから学んだこと

昨日は、雨が降って空気を洗い流し、そして夜のうちにあがった。明るい冬の朝日が庭に差し込んでいた。いつもより、すこしだけピリッと緊張感のある朝。庭を掃除して、井戸水をくんで水を神様の棚に供える。1ヶ月前の年末に井戸掘り屋さんに無事、井戸を開通させてもらい、今日は家に神様を迎える神事の日である。

「ろうそくと、お香と。あ、あとお花だ！」

昨日から宿泊していた友人が朝から準備を手伝ってくれている。

すこしさかのぼると、今回の井戸掘りの作業は、まずお坊さんとの出会いからだった。友人に紹介してもらったお坊さんに、もう使えない裏庭の井戸をご祈祷してもらうことになった。龍穴《りゅうけつ》で有名な奈良の室生《むろう》龍穴《りゅうけつ》神社あたりのご出身で、お婆様が、その龍穴をずっとお守りされていたという血筋の方。お坊さんは思っていたより体の大きな方で、柔和な優しい雰囲気。魂の修行を途方もないくらい長い年月されているような佇まいだった。

さて、裏庭でご祈祷がはじまった。時を超えて感謝をささげるように、手を合わせる。お経《きょう》がはじまると、ふわっと空気が動く。その空気がお供え物の日本酒の香りを鼻まで運んでくれた。

井戸の仕舞い方も教わった。井戸を終わらせるときは、真ん中に竹を突き刺して、神様の息ができる通り道をつくったうえで、まわりを土で固めていく。数年後風化して、竹が自然に折れたら「仕舞えた」という合図のようだ。こんなこと、井戸を掘ることにならなければ知ることもなかった。

ご祈祷のあと、お坊さんに率直にお聞きした。

「もし、私にお役目があるのであれば、井戸をお迎えしてお祀《まつ》りし、その水を通してさまざまなご縁を循環させていきたいです。私がやる必要がなければ、どなたかやるべき人にお伝えします。いかがでしょうか」

すると、お坊さんはにこやかに話を聞いてくださったあと、すこし間をおいて、そして真剣な顔でこうおっしゃった。

「あなたがやりたいと思うなら、やったらいいと思います。神仏を拝むということは、徳を積むということ。これから、後世への徳貯金を貯めていこうと思われるなら、とても良いことなので、されたらいいと思います」

なんだか体が軽くなった。自然にそれが良い行いだと思えた。そして、井戸を掘ることに決めた。

それから数ヶ月たった吉日、井戸掘りの日になった。朝からドリルのような機材で、細い鉄管を何本か地中に入れていく。難航しつつも、1日がかりで約7メートルほど入れ、ポンプをつけて汲み上げると、勢いよく茶色の泥水が出てきた。

「これ、井戸水ですよ！」と井戸掘り屋さんが教えてくれた。なんとも言えないくらい感動した。そこから、2日ほど水を自動ポンプで出していると透明になり、水質検査に出したら、事業用で使えるとてもいい質の水だということがわかった。

さて、冒頭の話に戻ろう。井戸を掘り、神様を迎える神事の日。興味をもってくれていた数人の友人たちが、その日を見守るために集まってきた。今日を迎えるまでに、この家の中で本当にさまざまなことがあったな、とこの家の内覧に来たときのことを思い出していた。

無事神事が終わり、地神様《ちじん》、水神様、三宝荒神様《さんぼうこうじん》をお迎えいただいた。そして、毎日その小さなお社《やしろ》に向かってお参りをする日々がはじまった。

使命とは「命を使う」と書く。皆が、いま命を使って生きている。ある人はその使い方がわからずに、悩みながら生きている。ある人は、「使命なんてない」と言う。人生はただの暇つぶしだと。それもそうかもしれない。無目的な１００年ほどの人生の中に、「意味」を見出しているにすぎないのかもしれない。

しかし、もしそうだったとしても、大切なだれかのために祈ることは、今の時代を生きる人、一人ひとりが持てる自由で豊かな行いなのかも、と思った。

井戸を掘って神様を迎える。一見非合理なことが、とっても意味のあることだと腑に落ちたとき、この世界を生きる人々のむき出しのエゴが、透明な水によってなめらかで優しいものになっていくような気がした。

脈々と継がれてきたもの

盆地の中に冷たい空気が沈む、底冷えする京都の冬。そんな寒い中、さらに冷える高野《こうや》山《さん》へ行くことになった。

精神性の高い非日常の時間を体験すると、旅のあとも自分の体内の水が入れ替わったように、みずみずしい感触がずっと体を駆け巡っている。

そのときの高野山は、二十《にじゅう》四《し》節《せっ》気《き》の大寒《だいかん》のころとあって、山道の途中からは雪景色に変わる。真っ白な風景に、突如現れた大きな黒い門。荘厳な趣《おもむき》に、自然と丹田に力がこもる。

高野山は、言わずと知れた真言密教の聖地。開創1250年をむかえた名だたる日本の聖地のひとつであり、書や言語、土木建築知識、多岐にわたる分野で才能を開花させたカリスマ僧侶・弘法大師《こうぼうだいし》空海《くうかい》が、密教の根本道場の地として開いた場所である。だれかに開かれて信仰の場がはじまること、そして聖地が聖地としてこれほど長く続くことの理由。今回の旅でその秘密を感じられたらと思っていた。

金剛峯寺《こんごうぶじ》を拝観し、奥の院へ。入り口から諸大名の墓石や、供養塔、慰霊碑の数々が杉の木立《こだち》の中に立ち並ぶ。途中の大きな杉の木にてのひらを当てる。たくさんの水を内部にたたえた幹は、ずっしりとしていて、手を跳ね返してくる力がある。ものすごく昔から、ずっとここにいる精霊たちと対話しているよう。

40分ほど歩き、すこし身なりを整えて、とうとう御廟《ごびょう》へ。小さな橋を渡ると深閑《しんかん》とし、より清らかさが増す。息をひそめて奥へ歩いていく。

ここ高野山は、なんども山火事や落雷などで焼失し、その都度、だれかに寄進《きしん》され再建されてきた。もはや開山当時とは木材もつくった人間も物質的にはちがう。しかしここの僧侶たちの日々の営み、数知れない参拝者の祈り、脈々と1250年続いてきたその気配が積み上げられ、やがて層になったような重みがこの場をつくっている。それは、現代のデータ、質量を持たないが必ずそこにある膨大な情報のエネルギーと同じようなものを指すのではないか、と思った。そして、空海はある種の生きたデータとして、この場、そして参拝した我らの心にそのあともずっと生き続ける。これこそが、永遠の命と言ってもよいのではないか。そしてその永遠の命と対峙すると、自分たちの命、魂の旅を想像せずにはいられない。

空海の「秘蔵宝鑰《ひぞうほうやく》」のなかに、このような言葉がある。

「三界の狂人は狂せることを知らず、四生の盲者は盲なることを識らず。生れ生れ生れ生れて生の始めに暗く、死に死に死に死んで死の終わりに冥し」

【意味】迷いの世界に狂える人は、その狂っていることを知らない。真実を見抜けない生きとし生けるものは、自分が何も見えていない者であることがわからない。私たちは何度も生まれてくるが、生まれるとは何かがわからない。何度も死んでいくが、死とは何かがわからない。

毎回亡くなってはリセットされて、真っ白の状態から生きはじめるこの魂。何度も生死を繰り返しながらも、生の意味も知らないし、死の意味さえも忘れている。前の世よりも、すこしでも徳を積み、よい魂としてその命を終えるために私たちは何をしたらよいのだろうか。

三次元の人間としての、どうしようもないあきらめきれなさ。そんな中、いかに輪廻《りんね》から離脱し、「即身成仏《そくしんじょうぶつ》」していくか。

代々継ぐものを持つ家に生まれ、事業を継承しない私の立場として、継ぐとはどういう意味なのだろうと、これまでずっと考えてきた。血や技術、名前や事業を継いでいかずとも、「祈り」を継いでいく、という継ぎ方があるのかもしれない、と思うようになった。それは、命を使うにありがたいくらいの大切なお役目なのではないか。永遠に途絶えることのない命の連続の中で、もはや、運命にあらがい自我を押し出す必要はないのではないか。

私の小さな体の中の魂が、救われた気がした。

徳を積みたい人々

先日、Z世代の人と交流するイベントに登壇した。Z世代とは、1990年代半ばから2010年代序盤に生まれた世代で、年齢でいうと、だいたい中学生から20代後半くらいまでの層を指す。

観光、サービス、伝統工芸など、さまざまな視点から多世代の意見を入れてブレストしていくというイベントで、20代を中心にさまざまな人が意見を交わしていて、とてもエネルギッシュな場だった。ギャルマインドというだけあって、前向きで快活な若いエネルギーはいいいね。斜め上からの意見を持つ方や、批評家目線になりそうな方も、すぐにその雰囲気にのまれて笑顔になってしまう。いい意味で空気を読まない、さすがギャルのあっぱれ引力。

イベントが終わってからも、興味深く心に残ったことがある。Z世代の方々が何度も

「徳を積みたい」と言っていたことだ。といっても、シリアスにではない。極めて軽やかなノリで、そしてきっと半分くらい冗談で「徳を積んどこーイエーイ」と言うものだから、私は仰天してしまった。

20代前半って、そんなに「徳を積みたい」時期だったっけ？　そのキラキラハートを全身から飛ばしながら、「彼氏が欲しい」「ブランドのバッグが欲しい」と同列に「徳を積みたい」と言うのである。もはや、徳を積むというのは利他ではなく、欲なのだろうか。「徳を積みたい欲望」って、めちゃくちゃ矛盾しているやん、と一人笑った。

家に帰って、彼女たちの「徳」とは一体なにを指すのだろうと気になってきた。私の知らない定義があるのだろうか。後日メッセージで質問してみると、彼女たちの答えはこうだった。

「良いことしたぶん、ちょっとしたラッキーが起きたらいいなあ、って感じです！」

なるほど、未来の自分へのラッキー貯金のような感じなのだろう。肌感覚で循環を知っているのかもしれない。良い行いは巡るものだということも。すごく素敵だな、と感じた。

日本には、このような因果応報の昔話が多い。芥川龍之介《あくたがわりゅうのすけ》の「蜘蛛《くも》の糸」では、蜘蛛を助けた犍陀多《かんだた》を見たお釈迦様が、天国から地獄へ糸をたらして犍陀多にチャンスを与える。どんな悪人にも、今どんなに生活に困窮していたとしても、良い行いをするチャンスは転がっている、という教えでもある。そのあと、犍陀多は、自分だけが助かろうとして人を蹴落とし、自らも再度地獄に落ちてしまうのだが……。

私にとっての「徳を積む」は、自分ではなくだれかのための積み立て貯金のようなイメージである。わが子とか、親戚とか、友人とか、知っている特定のだれかだけでなく、未来の生きとし生けるもののために貯めている積み立て貯金のようなもの。もちろんお金のような見える形ではなく、「良い行い」のことだ。

「顔の見えないだれかのため」に「見返りを期待せずに」良い行いをすることは、気持ちいいことだ。そして、人に心を寄せることは、時間的経済的に余裕がなくてもできることである。こんなふうに人が未来のだれかに対して小さな興味をもつことができたなら、この世界はすこしだけ明るく優しいものになるはずなのに、と思う。

さて、なぜ徳を積むことが大切だとされるのだろうか。

たとえば、子どものためにお金とか土地とか人脈とか、目に見えるものを残すというのならわかる。でも、なぜ顔も知らないだれかのために、良い行いをしようとするのだろう。わかりやすく何かリターンがあるわけではないのに。

実はこの理由は明白だ。なぜなら、「すでにもらっている」からだ。私たちは、だれかが過去に積んだ徳、たとえばだれかの優しさや心づかい、「人々が幸せでありますように」という願いを受け取って、現在死なずに生きている。過去にいた知らないだれかの優しさをいつのまにか受け取っていた、と気づいたとき、初めて、その優しさの歯車を自分から回す立場に立てるのではないだろうか。

そうして、見える景色が変わっていく。世界が、自分ごとになる。そのリレーのバトンを今、生きている自分が持っていることに気がつく。過去から未来へとつながれてきた優しさを、現在の自分が止めるわけにはいかない、と思いはじめる。そこから、自分を起点にして循環を起こすことがはじまる。

小さくてもいい、貯金をはじめていこう。忘れたころに、その源流は大きな渦になっているはずだ。

とどまっているものを循環させていく

うちの家の近くに、哲学の道という遊歩道がある。南禅寺《なんぜんじ》から銀閣寺へ抜ける道の途中からはじまる道で、哲学者・西田幾多郎《にしだきたろう》さんが毎朝この道を歩いて思想に耽《ふけ》っていたとされて名づけられた。今では有名な観光ルートとなっており、シーズンには旅行者はじめたくさんの方が散策する。

私は、この道がすごく好きだ。夏の朝はまだ涼しい。疏水《そすい》に沿って石畳を踏みしめながら南へ歩く。光が水に当たってきらめき、そのなかに葉っぱの影が落ちる。葉の色が随分濃くなっている。夏が盛《さか》っている。

夫婦だろうか、親子だろうか、鴨が2匹、流れに逆らい優雅に泳いできたかと思えば、脱力して川の流れに身を任せて優しく流れていく。遊んでいるのかな。

さて、家に戻り、先日神事をしていただいた小さなお社を掃除して、火を灯《とも》し、線香をたく。ある研究調査では、京都は地下に琵琶《びわ》湖に匹敵するくらいの地下水があると言われている。まるで水瓶のような大きな水の上に、ちゃぽんと浸りながら生活している私たち京都市民。家の井戸水も、その美しい恵みの一滴である。

井戸を掘ってから数ヶ月。毎日水を飲んでいるうちに、日々、ほんのすこしずつ味がちがうことを感じるようになった。水道の蛇口から出る水に慣れている私たちは、こういうことにいちいちびっくりしてしまう。毎日ちがう味がして当然。それが自然なのに。

味わいは、口内の皮膚におだやかに吸収されるようなとろみとまろやかさ。体に入ったとき、しゅん、と粘膜から染み込むように感じる。

このやわらかい水を五感で感じてほしくて、初春のころ、水をテーマにした井戸開きのイベントをした。イベントでは、茶会で味わったお茶の味覚を絵にする。それをボトルに貼り付けてオリジナルのボトルをつくってもらった。それぞれの描いた絵を見合って、笑い声が起きる。そして、このボトルを持ってきてもらえたら、いつでも自由に井戸水を汲めるというシステムにした。

井戸の水を汲み、お社に手を合わせる。その水は、絵の具に混ぜたり、ウイスキーやコーヒーを淹れたりして、楽しみ、生かされていく。

井戸を掘り、大地から出てきた水は、だれのものだろう。この場を今預かっている私と私の会社のものなのだろうか、と考えたとき、どうしてもそうは思えなかった。では大家さんのものなのか？　というと、やはりそれもそうではない気がした。

私たちが所有していると思っているものは、実は何ひとつ私たちのものではない。土地、人、家族、お金、すべての物質は、どんなものでも「自分の所有しているもの」ではなく、その一瞬に自分の元にとどまっているものなのだ。自分にとどまっているものを、どのように循環させていくか。これからの継承は、この考えがインストールされているかどうかで、別物になっていくと思った。

何かを継ぎ、残す、ということは、他を退《しりぞ》けることではなく、他と共生していくことだ。時に、無作為に搾取してくる人に出会ったとしても、自分は他者へ与える精神を持ち続ける。くじけたり、あきめたりすることなく。

世の中には、手中にとどめておかないと、なんだか不安な気持ちにさせられるものが多い。お金は特にそうだ。人が持っているものを自分も持っていないとだめな気持ちにさせられる。

しかし、たくさんお金を持ったからといって、豊かとは限らない。所有することが豊かで喜びだった時代から、それはすでに変化している。どれだけの資産があっても、一日5食も6食も食べることはできないし、カロリー過多で体を壊してしまう。

野生的な直感を取り戻し、自分の心地よいことを探る。感性を育み、自分の美意識をつくること。個人の価値観もそれに合わせて変容させていくこと。神仏を拝むことは、非合理なことなのかもしれない。しかし、その見えないものを感じ、自分の感性に混じらせていくことは、自分の信仰を持つことだ。それはこれからの時代を生き抜くヒントになるものだと思う。

別れのとき

京都の7月。祇園祭《ぎおんまつり》がはじまり山鉾巡行《やまほこじゅんこう》をはじめ、一ヶ月に渡りさまざまなイベントが続く時期。初旬から、繁華街のスピーカーからは毎日鉾《ほこ》のお囃子《はやし》が鳴り響く。これが聞こえると、そろそろ梅雨も終わりに近い。セミが容赦なく騒ぎだしたら、もう夏本番だ。

そんな夏のある日、とうとう拡張家族として3年暮らした早乙女くんが家を出ることになった。それぞれの人生の踊り場でこの家に引き寄せられ、家族となった私たち。3年という月日が経ち、またそれぞれのステージが変わる。彼は、ある女性と結婚をすることになったのだ。それも電撃的に。

子どもが生まれたら、生活は子ども中心。話題も全部子どもが中心、と世間ではよく言われるが、この家は、子どもよりも大きなニュースを持ってくる大人ばかり。子どもも、負けじとニュースをつくってくる。子どもは子どもの、そして大人は大人の。それぞれが自分自身の人生を生きる同志のよう。

さて、そんなことが決まってから、なんだかばたばたとしているうちに、とうとう、彼が去る日になってしまった。ミニマリスト早乙女くん。とはいえ、何年もいるとさすがに物が増えるので、一緒に大掃除をする。

機械的に、いる物といらない物を分けて、ゴミ袋に捨てるか、持っていく荷物に入れるかする。人が人と別れるときは、極めて事務的に作業をする。感傷的になるタイミングをはさむ余地をつくらない。

さて、おおよその荷物が片づき、とうとう出発の時間となった。お調子者の彼は、にこやかに軽やかに、「行ってきまーす！」と言う。「いってらっしゃい」と軽快に送り出す。残り香がある、何もなくなった部屋に、この3年の景色が駆け巡る。

自分の場所を持つ、ということは、だれかが去るときは自分自身が空間に残されるということ。やはり送り出すのは寂しいものだよな、なんて、実家の母のような思いになる。今日は、おいしいものを食べよう。

旅では行く先々で出会いと別れがあるように、人生でも出会いと別れがある。別れたあとも、また良きタイミングで人生が交差する。そして、拡張した家族がまた別の場所に行き、子どもが生まれ、家の外にまで家族が「拡張」していけばいいと思った。

そこから、1ヶ月ほどはイベントやいろんな来客があって、家の中が騒がしかった。客人の出入りが、住んでいた早乙女くんの残り香をすべて取り去っていく。その賑やかな時期を終え、また落ち着いた日々が戻ると、家がすーっと浄化されたような気がした。

また次の幕のはじまりだ。次はどんなドラマが待っているのだろう。

5
章

年を重ねていく私

人生は不可逆だから、
年を重ねることには、だれ一人逆らえない。
でも、実はそれはとても豊かなこと。
そんな「人生を愛すること」についてのお話。

ごめんなさいを背負い込む

10年ほど前に、私は母になった。一人の命をお腹で育てて産み落とすということは、私にとっては自身の体を使った壮大な創作活動だった。これまで、はるか昔から世界中で数えきれない女性たちが、妊娠出産をしてきた。だれもが母のお腹の中から出てきたという当たり前の事実に、改めて感銘を受ける。

妊娠の期間は順調で、臨月をこえ、とうとう出産。33時間ほどがんばり、唸り声をあげて最後の持つかぎりの力を込めると、どさりと重くて熱いものが産道を経て世界へ出てきた。おもしろいほど真っ赤で、おもしろいほど「赤子」だった。

5日程度で退院し、そのあと1ヶ月半くらいで仕事に復帰した。さくさくと動きたいので、ベビーカーではなく、機動力のあがる抱っこ紐派。赤ちゃんはすぐに3倍の体重になり、おむつ、ミルク、お尻拭きなどを入れたママバッグ、ノートパソコンの入った仕事のバッグ、合計15キログラムくらいを持って、家と職場と打ち合わせ場所を往復する。荷物が肩に食い込み、筋トレのようである。

だんだんとしっかりしてきた赤ちゃんは、泣き声も大きくなってくる。赤子同伴でクライアントとのミーティングに出席し、打ち合わせ先の会社のトイレでおむつを替えた。起きているあいだはたくさん遊び、寝ている隙間に深夜まで仕事をしたりした。

同時にこのころから、なんというか、すこしつらくなってきた。いつもどこかで、「ごめんなさい」を背負っている。人に迷惑をかけているわけではないのに、だんだんと「すみません」が口癖になってくる。重い荷物を持つのに助けてもらったときはおろか、「かわいいねえ」と褒められたときまで、なぜか「すみません」と言ってしまう。

そして、「申し訳なさ」を体から発していないお母さんは叩かれてしまうということも知った。子どもを抱っこしている以上、逃れられない。あれ、こんなはずではなかったのに、と思った。私、どうしちゃったんだろう。

命を産むことって、そんなに迷惑なことだった？　「社会で子どもを育てていこう」って言葉、どういう意味だったのだろう？　そんな大切な問いも、深く考える時間のないまま、日々が過ぎていった。

そうこうしながら、季節は一巡した。

私の肩や腕にもしっかり筋肉がつき、子どもとママバッグと仕事道具一式をひょいとかつげるようになった。少々のことには動じなくなり、謝ることにも慣れた。通称「すみません筋」。罪悪感なしに「すみません」と言える。良いのか悪いのか。

そのころだったか。お世話になっている人から言われた。

「すみませんと、ありがとうを、言いまちがえてはいけないよ。謝らなくていいところで、謝らなくてもいいんだよ」

なんだか、急に体がゆるんでしまって、その場に座り込んでしまった。

だれしも、最初は赤ちゃんだった。だれかの世話にならなかった人など、この世に存在しない。しかし、余裕がない社会は、弱いものを守るようには機能しない。「自己責任論」を正当化し、何かからはみ出た人を罰する気持ちが、さらにものを言えぬ息苦しい世界をつくっていく。その矛先が向かうのは、子育て世代だけではない。予定どおりにいかないこと、だれかがまちがえること、そういうことを包みこむことができる寛容さが社会からなくなっていく。

子育て中の親たちが、手助けに対して満面の笑みで「ありがとう」と言える社会になるには、どうすればよいのだろうか。理想化された母像を背負う女性たちは、いつも強いわけではないのだ。

「今が一番いいときね」と知らない人に話しかけられるバス停で、愛想笑いをするしかなかったあのころ。社会で子どもを育てていくって、どういうことなのだろうか。

ソリューションとしての愛とは

ある春の日、しばらく滞在していた早乙女くんの友人が出て行った。ひとつの「形」が永遠に続くわけがない。夫婦であっても、家族であってもそれは同じ。そんなことは、もうこの歳になると織り込み済みだ。

人生は、選択をし、その選択を「正しい」ものにしていくことでしか進まないとわかっているのに、変化させていくことが億劫になる。この日が長く続けばいいのにと思ってしまう。それは、情にこびりつき、ネバネバしたものにさせる。人は、それを愛と錯覚する。「っぽい」ものは、どこかで本物に変化することはない。ずっと「っぽさ」だけで、存在している。

「ゆく河の流れは絶えずして、しかももとの水にあらず」と鴨長明《かものちょうめい》も書いたではないか。川は流れ巡るから、腐らないのである。

外に出ると、あと1週間くらいで開花しそうな桜がつぼみにエネルギーをぐっとためているように見えた。

ある日、30代半ばの知人男性が遊びにきた。どうやら婚活をしているという。

「仕事も結構がんばってきたし、そろそろ子どもがほしくなってきてね」

子どもは一人ではつくれない。人生の幸せに子どもは必須ではないが、子どもがほしい人にとってパートナーは必須である。一人で解決できないことは、解決案（ソリューション）を外側に求めるしかない。私は彼の婚活を、「ソリューションとしての愛」と名づけた。そして、彼の婚活話を肴《さかな》に、一献《いっこん》することになった。

社会的にみてハイスペックの彼は、あまり苦戦をしていなさそうである。常に何人かに会い、冷静に未来を見ている。恋愛に渇望すると、変なものをつかんでしまうが、余裕がある人の婚活は、逆に自分ごとでない感じがしていいな。

あまりにも合理的に、パートナーを選んでいるようで可笑《おか》しくなってしまった。なんなの、ハイスペック男子ってみんなこんな感じなの？「なんだか腹が立つから、だれかにの

め り込んでボロボロになってほしいわ!」とみんなから愛のつっこみが入る。恋心がアクティベートするためには、何かの課題が必要なものなのだよ。なんて、先輩づらして日本酒をすする。

人が恋愛をする理由はいろいろあるだろうが、最近私はこの答えに行き着いた。「変化を求めるから」である。それも潜在的に。今の自分ではもうダメだと思ったとき、新しい何かを見せてくれる人に出会うと、その人が新しい場所へ連れて行ってくれる気がする。外圧からそろそろ結婚を考える時期、子どもを欲したとき、自分が変化を求めたときに恋愛をスタートさせる条件がそろうのではなかろうか。

だから恋愛をしなきゃと焦る時期は、人生でそう長くないのかもしれない。子どもを産み、ある程度自立してしまったあとは、問題解決をトリガーとして、だれかへの恋心を芽生えさせる必要もなくなる。そう思うと、一通り体験した私のフェーズは、自分が心から安らげる人、そして自立しながら補い合える人に出会えるタイミングである気がした。

「私さ、この歳になって、人生ではじめて純愛できるような気がしてきた」と言ってみんなで笑った。純愛という言葉が持つイメージと、この下世話なお酒の場があまりにも似つかわしくなかったからだ。

　ごはんは自分でおいしいものをつくることができる。夜は自分の思うままに時間を使うことができる。子どもはかわいいし、毎日ハグしてくれる。生ハムも原木で買える。物欲はないけれど、欲しいものはたいてい、自分で自分に買ってあげられる大人になってしまった。ほかに何が必要なのだろうか。私、もう恋愛、必要ないのかも。

　子どもをつくるとか。どこかの家を継ぐとか。人との共同作業が必要でない状態でも、だれかと恋に落ちたりすることがあるのだろうか。人に恋をし、愛へ育むためのトリガーとなるものは、どこにあるのだろう。

　うっかり時間が過ぎて、次の恋愛がはじまるトリガーが、お互いの介護にならないうちに。サバイバルナイフを置いて、純愛の道へ向かうのだ！

視力を失いかけた話

その日は、朝から鼻がすごく詰まって涙も出ていた。コンタクトレンズは曇るし目もかゆい。3月、急に気温が上がり、春めいてくる。そうすると、毎年やってくる花粉の季節だ。桜の開花で上がるテンションを相殺《そうさい》するかのごとく、世界がかすみ、私から五感を奪っていく。

数週間なんとかしのげばシーズンも終わるだろうから病院に行く必要はないかも、と思いつつも、仕事のパフォーマンスが上がらないので、近所の眼科に行くことにした。アレルギーの目薬をもらおう。ドラッグストアに売っている市販の目薬よりはいくらか良いはずだ。今日なら平日だし、混んでもいないはず。早いところ診察してもらって仕事に戻ったほうが効率的だ。

近所の小さな眼科に到着し、青い革張りのレトロな長椅子に座って待つ。不意に呼ばれてコンタクトレンズをはずして、視力検査をした。

「いやー、傷だらけですね、笑。そろそろ買い換え時では？」なんて言われつつ、診察へ。さっと目薬をもらうはずが、なんだか先生の表情が深刻である。そして別の検査の機械にまわされて、あれよあれよと2時間くらい受けたことのないさまざまな検査を受け、最後は大病院への紹介状を受け取り、心身ともに疲れ果てて、しょんぼり会社に戻ったのはもう正午前だった。

診断は「緑内障の疑い」だった。あと10年もすれば老眼になることは想像していた。だけど、失明する病気になる、っていうのはまったく考えていなかった。まず、子どものことが頭をよぎった。そして、現在の私が携わっている仕事は、ほとんどが視覚によるものだった、ということに気づくのにも時間はかからなかった。

10日後、紹介された大きな病院に行った。待合室でコンタクトレンズをはずして待つ。横に2列、縦に10列ほど並べられた長椅子に腰かける。一番先頭の天井あたりにテレビが設置されており、ほとんどの人はそれを眺めている。

メガネを持参していなかったので、近視のひどい私は、何も見えない。院内は大病院とあって混み合っており、私の横にいる人が呼ばれて立ったかと思うと、また別の人が座る。肌色、黄色、黒など、私の目には人が色の塊《かたまり》に見える。男前だとか、背が高いだとか、髪形とか。結局はお肉の塊にすぎないのかも、人間の姿なんて。「私たちは見えすぎているのよ」という樹木希林《ききききりん》さんの言葉を思い出した。

見えないほうが平和なことは世の中にたくさんあるのかもしれないな、とそんなふうに考えて、待ち時間の恐怖をすこしでも明るいものにしようと努力した。いくつかの機械で検査をして、数時間。やっとこさ先生の診察の順番がまわってきた。

先生は、緑内障の名医らしいのだが、想像とちがう。がはは!! と大きな声で笑い、めっぽう明るい。子どものときから私のことを知っている近所のおじさんのような距離感で、「元気か?」と聞いてくる。

「コロナになったか?」

「いえ、なってません」

「コロナになってない」と口に出しながら電子カルテに記入した。なんだか拍子抜けしてしまった。そして、「はい、そやね、これは緑内障やね」と改めて関西弁で太鼓判を押された。

「そやけど、今気がついたしよかったで‼　このままやったら20年後見えへんかったで！」

そしてまた、がはは！　と笑った。その明るさに、落ち込んでいた心がすこし元気になった。

うん、たしかに。なんだかラッキーな気がしてきたぞ。だって、花粉の目薬をもらいに眼科に行っただけなのに、緑内障が見つかったのだから。これは運がいいといってもいいのかもしれない。検査結果では、右目の内側一部と左目の一部の視野がすでに欠けていたし、それが、ピントの合いにくかった自覚症状と照らし合わせても、まちがいはなかった。とはいえ、片方の目で視野を補完しているので、生活への支障は特にない。

さて、緑内障とは、失明の一番大きな原因になる病気で、高い眼圧のせいで視神経がやられ、どんどん視野が狭くなる。特に近視の強い人は、低い眼圧でも視神経を圧迫してしまうのだとか。治療法として、まずは、眼圧を下げる目薬を試していくことになった。

「まつげが長くなる目薬と、そうでない目薬がありますが、どちらがいいですか？」

すっかり元気になった私は、即座に答えた。

「そりゃ、まつげが長くなるほうで！」

眼圧を下げると同時に、毎晩まつげを育毛する生活がはじまったのだ。ますます、ラッキーすぎるではないか。とはいえ、一度失ってしまった視力や視野は、薬や手術によっても回復することはないらしい。

「私が死ぬのが早いか、視力を失うのが早いか」という命の寿命と目の寿命の、戦いの火ぶたがきられたということだ。つまり死ぬまでに視力があれば、私の勝ちだ。負けるもんか。とりあえず、毎晩せっせとまつげを育毛していこう。

実際問題、視力が無くなるとどうなるのか。緑内障の診断を受けたそのときから、私は見えなくなったときのことを想像するようになった。そのとき、私はどのように世界を認知するのだろうか。そのために、もうすこし視覚以外の感覚を育てておかなきゃ。

だれもが生まれ落ちた瞬間、死ぬことがわかっている。でも実際「死」を想像できるのは、人生の折り返し地点を過ぎてからではないだろうか。進行性の病気は、そういうことを教えてくれる。

このことをきっかけに、人生の選択がさらに容易になった。たとえば旅に行くにしても、まずは視覚で楽しめるところに行こう。聴覚や嗅覚で楽しめることは、人生の最後の楽しみとして、とっておいてもいいかもしれない。選択肢が狭まるということは、決めたところにより強く進む力にもなる、ということだ。

その年の桜はいつもより美しく感じた。そしてその散り際も。

ネガティブを栄養素として

ある日曜日の午後、また友人が泣いて駆け込んできた。女性としても美しい容姿とスタイルをもち、俳優としても活躍している彼女だが、男性とのパートナーシップにはずっと苦戦している。

「また、彼と別れたのよ。5股よ。5股」

彼女は、涙でぐちゃぐちゃになって泣いているのに、横顔はなんだかずるいほど美しい。

「5股かー、なかなかないね」

呆れるようなため息と一緒に相槌をうつ。失恋の痛みは、自尊心の急降下による強烈な刺激だ。あなたが自尊心を失う必要はないよ、と人がどれだけ言っても届かない。つらいよね、と呼吸を合わせてうなずきながら、私はコーヒー豆をミルにかけた。そして、きっとこれが終わったあとの彼女の演技は、より迫力があり美しくなるだろう、と想像し、確信した。

　夜、近所のスーパーに食材を買いに行きながら、彼女との会話を思い出していた。「アーティスト」という職業をしていてありがたいことは、人生の難所を作品に昇華できることだ。ネガティブ、つまり悲しさ、怒りなどの感情は、基本的に不快だ。好きな人はいないだろう。早く体の中から出したい、楽になりたい、と思うはずだ。しかし、ネガティブな感情ほど、自分のことを知るきっかけになる。

　そういう負の感情からは、自分はこのように扱ってほしいのに、こういう世界だったらいいのに、という自分自身の願望が透けて見えるのだ。何かネガティブなことがあれば、「よし！」とガッツポーズはしないまでも、「またまた、お題がきたぞ」とじっくりと言葉にしてみる。味わい尽くす。それをものづくりに昇華させることで、世界へあたらしい価値観を知らせることができる。つまり、感情が動くということは、これからの人生の栄養でもある……と、ここまで思って、はたと考え込んでしまった。

　では、アーティストとは、不幸があるからそれを糧に作品をつくれているのだろうか。それとも、なにかをつくるために不幸という栄養を呼び寄せているのだろうか。

にわとりが先か、たまごが先か。

飢餓感からのヒリヒリした感情を題材にしていく力を持ち合わせているせいで、感情がネガティブに揺れ動く土壌すらも、自分がつくりだしたものだったのだとしたら。私、一生、幸せになれないいじゃないか。イギリスが大英帝国をつくりあげたのは、あの気象区分のもつグレーの空が原因だったという説があるくらいだし、ネガティブからの人間の馬鹿力は底知れない。なんて思いながら、買ってきた白身魚を大きめにカットし、小麦粉にビールを加えて泡立てた衣をつけて揚げる。シュワシュワと小さな泡をたてて、白身がサクサクに揚がっていく。今日のお酒のお供は黒ビールと決めている。

あたたかくて満たされているところからは、自分の真に迫ったものを生み出すことはできない。だけど、作品をつくり続けると同時に、私たち自身の人生がハッピーであたたかいものであり続けることはできるのだろうか。自分への幸せにちゃんと許可を出せているのだろうか。

フィッシュアンドチップスを黒ビールで喉に流し込みながら、苦いと甘いのあわいを感じていた。

アシストとは

通っているヨガの教室が、ヨガティーチャーのためのアシスト講座をすることになった。私が参加したのは、春まっさかりの京都。気温がずいぶん上がり、花が咲きはじめ、虫や蝶々が飛び交い、人々が外に繰り出す。冬のあいだゆっくりだった命がまた動き出す。そんな時期を感じられるのは、四季のはっきりした国に生まれたからこそ。

ヨガマットを背負ってバスを降り、細いビルのらせん階段をとんとんとんっと駆け上がる。体もなんだか軽い気がする。すでに8人くらいの女性たちが、ヨガマットの上で準備体操をしていた。

「こんにちはー」と言うと、みんなにこやかに「こんにちはー」と返してくれる。コンクリートだけどなんだかあたたかい場所。集う人たちの陽気な雰囲気がそうさせるのか。春の日の光が、窓から差し込んでいた。

アシスト講座というのは、ヨガの先生、もしくは先生を目指している人のための講座で、ポーズがとりやすいように体を支えたり、無理のない範囲でポーズを整えたりすることだ。だから、各ポーズの「正解」を知らないとアシストすることはできない。私が参加するのはちょっと早いかなと思いつつ、すこし背伸びをしたらなんとか届くくらいのハードルは、自分を格段に成長させることも知っている。

アシストとは、「手伝う」とか「補助」という意味である。もうすこし言うと「相手の必要なことを想像して、それを与える」ことだ。

その人の生き方を尊重しつつ必要な範囲で手助けすることは、日常的に子育てや人材教育でも必要なスキルである。そして同時に、とても難しいことである。会社だったら、こういうスキルを習得してほしいという願望もあるし、子育てでもこのように育ってほしい、という思いが優先されることもある。そもそも、自分本意な「こうなってほしい。こうしてあげたい」という独りよがりなエゴもあるだろう。それを優先させずに、その人の本質を見抜き、一人ではできないレベルまで引き上げていくことは、容易ではない。

ちょっと無理かもしれないけど、でもギリギリ行けるところに寄り添うこと。コンフォートゾーンにいては気がつかないことを、相手にわかるように伝えてあげること。そして、そのアシストしたものがさらに自立できるように促してくことは、分母をとても大きくすると国際協力などにもつながる考え方だ。つまり、同じ眼差しを、自己と他者に向け続けること。他者を理解し、人を生かしていくことをすることは、子育てを含め「愛」の本質かもしれない。

日中、さんさんと降り注ぐ太陽の光と春風に、受粉を促された桜の花は花びらの根元がゆるみ、ひらひらと舞い散る。太陽も風も「受粉しろ」とは命令を出さない。さわやかにそこに在り、世の中を動かしていく。ここから花吹雪になって地面を色づけしていく。役目を全うしたあとの潔い円山《まるやま》公園のしだれ桜を見ながら、いやはや、「アシスト」って言葉、なんて深いんだろう、おそるべしだわ、と思った。

人の時間を預かること

先日、パートナーシップに悩みを抱えている友人と話していたときに彼女がぽつりと言った。

「私も一人になりたい。あなたがうらやましいよ、本当に」

シングルでいると、たまに、うらやましがられることがあるのだけど、私はいつも返答に困ってしまう。

「でしょー。最高よ」と言って離婚や別れを助長することもできないし、「いやいや、こっちだって大変だよ！」と苦労話をするのも自分の美意識に反する。ということで、結局は相手の相談にのって終わることが多い。

いやいやいやいや、私だって、そんなに人がうらやむような生活をしているわけではないぞ！　だっていわゆるシングルマザーだよ！　大変だよ!!　と思って、でもすぐに「とはいえ不幸でもないのだよな」と思い直した。

幸せとは「何かがある」ということではなく、「不幸がない」ということだったとしたら、私は十分、いや十二分に幸せな人生を送っている。

ソウルメイトのような人に出会い、恋をし、家族になり、生涯一人だけを愛し続けられたらそれは美しい物語だと思う。私の時代は、親からもそれを求められたし、それが当たり前だった。今でも、ジェネレーション問わず、それが向かうべき幸せだと思っている人は多いはずだ。

しかし、今や100年も生きる時代なのだから、生涯一人のパートナーと添い遂げられなくても不思議はない。愛がないまま一緒に居ることの虚しさは、一人でいることの寂しさよりもつらいときがあるから。

だからこそ、私は人との関係において大切にしている価値観がある。それは、「時間を預かり合う」という考え方だ。

打ち合わせの1時間、ディナーを食べる数時間、親子関係やパートナーシップの数年から数十年。それぞれの人と過ごす時間の長さはさまざまだけれど、その時間、相手との一瞬を大切に「預かり合う」という気持ちで過ごしてみる。その時間が、積もり積もって、長い年月になり、お互いの寿命を超えたなら、「生涯をともにした」ということになる。

相手の今後の未来を「所有する」という価値観ではなく、他者の主体性を守り、そして適切な距離感をキープするつながり方は、相手の選択や人生そのものを大切にするということと同義ではないだろうか。

社交辞令の前置きに「貴重なお時間を頂戴《ちょうだい》しまして」という表現がある。「頂戴する」という言葉は一見丁寧だが、その人から奪うという言葉だ。だから、私は「預かる」を使いたい。あくまでも、その人の主体的な時間に寄り添う感覚だ。

私がもしだれかに「今日のあなたの時間を預からせてもらってもいいですか?」と言われたなら、なんだかすごく楽しみになる。その人の時間を、私も大切に「預かり」たくなってくる。そんな美しい関係性が人生を彩っていくのなら、こんなに幸せなことはない。

絶望したことはありますか

先日、ある方から「ショウコさんの定義する絶望とはどういう意味でしょうか？」という質問を受けた。いい質問は、ギフトである。簡単に答えを出したくないので、しばらくじっくりと楽しませてもらおうと散歩に出かけた。

外はさらりとした空気。高くて青い空の上のほうに、トンビが飛んでいる。絶望から一番遠い、そんな空を見ながら、すこし思索にふける。

さて、みなさんに質問しよう。絶望したことはありますか？「あります！」という人は多いだろう。たとえばどんな？と聞くと、

「テストで不合格だった」とか、

「会社が倒産した」とか、

「結婚を破棄された」などと、いろんな話をしてくれる。

絶望の話は人間味がある。言葉に熱がある。だから好きだ。ごめんなさい、悪趣味というわけではないのだけれど。

私は、自分が本当に自分自身に絶望したときのことをはっきりと覚えている。それは、「自分のやさしさ」が、だれかを傷つけてしまったときだ。そのやさしさは、だれかの甘えを引き出し、連鎖的にその人のまわりの人生も壊してしまった。そして結局、私の性格の中心を作っていた「やさしさ」は、うそっぽちのやさしさで、エゴでしかなかったことに気づかされたのだ。

私にとって絶望とは、外的要因から地べたに叩きつけられることではなく、何かから自分の内面をえぐられ、あらわになった急所を自分で見つめざるを得ない状態のことなのだと知った。

絶望の上にしか希望がないように、あきらめた上にしか本当の自信は出てこない。あきらめは「あきらかに見る」が語源だという説があるが、本当の自分を見つめて、そんな自分に心底絶望しなければ先にいけないことがあるのだ。悲しいけれど、自分は自分から逃れられない。生きるか死ぬか。死なないのなら、自分を愛するしかない。そんな究極の選択から自分を好きになることを選んだってよいのだ。

絶望とは、今までとても大切にしてきた「何か」を失うこと。

あきらめきれなかった試験、思い描いていた未来、愛するものや人。

これまで信じてきた大切な生き方や指針。

その大切にしてきた何かを「自己」からベリベリとはぎ取り、ヨイショ、とその時間軸に置いてくることだ。

でも、それだけでは終わらない。その足で明るい光のほうへ歩くために、すこし食糧をとる。まだ生きている自分へ感謝をする。置いてきた何かは年月を経て、雨風にさらされ、土が覆い、風化して、形を変える。そして未来に、自分自身の手によって掘り起こされる。

過去の絶望は、そんな未来の再会によって、伏線を回収され、美しい物語になり、はじめて存在価値を持つ。絶望とは、未来で再会するタイムカプセルのようなものなのかもしれない。

脚本家である坂元裕二《さかもとゆうじ》さんの脚本にこんな言葉がある。

「泣きながらご飯食べたことある人は、生きていけます」

絶望の中、全身の筋肉を硬直させ、目から水を垂れ流しながら、生きるためのエネルギーを摂取する生々しい肉体をもつ生き物への賛美。財産、名前、プライド、夢、どんなにあなたにとって大切なものを失ったとしても、「あなた」はなくならないし、あなたの物語は続いていく。

美しい伏線回収まで、もうすこし、ともに生きてみようではないか。幸せになるための時間はまだまだある。

あけぐれとノート

もう20年以上使っている手帳がある。私はそのノートを「あけぐれノート」と名付けていつも持ち歩いている。あけぐれノートは30冊を超えるが、百均のノートから、いろんなブランドを経て、10年前くらいから赤いモレスキンに落ち着いた。

主な使い方は、打ち合わせのメモや、デザインのラフを描くことだが、1ヶ月から2ヶ月に一度、そのときの考えや思索、問いかけ続けていること、ふと思い浮かんだ言葉や未来への手紙のようなものを書く。

新月の静かな夜に、これからの自分の人生に無くてもいいことを、まず書きはじめる。通常ノート術などでは、やりたいことや夢などから書きはじめることが多いのかもしれないが、私は自分の限りある人生に無くてもいいこと、たとえば無くてもいい感情や作業などをまとめはじめる。どんなことでもいい。あくまでも正直に、わがままでもよい。

片づけでも、まずは捨てることから。空間がなければ、新しくものを入れることはできないから。そしてそのあとに、自分が求めていることを書いていく。温かいハーブティーなどがあればよりよい。新月の空に月光はないけれど、自分の心を希望で照らしていく。

「あけぐれ」とは夕暮れの反対の言葉で、夜明け前のことを指す。源氏物語の和歌にもでてくる古語のひとつだ。赤く染まる夜明けの時刻よりも、まだ暗い夜のあいだに、一瞬ふと闇がさらに濃くなるタイミングがある。その時のことを言うらしい。これまで以上の闇に世界が包まれるからこそ、そのあとの夜明けがさらに美しい。そんな美しい言葉だ。

日本語には、夜明けの言葉から日中の言葉、夕暮れ時の言葉まで、さまざまな空を表す言葉がある。朝であれば、まだ暗いうちの暁《あかつき》、空が白んでくる東雲《しののめ》、赤く染まってくる曙《あけぼの》など。早起きして空を見上げていると、こんなにもたくさんの色が空にあったのか、というほどに刻々と移り変わる色のグラデーション。言葉の数だけ、五感で感じた景色がある、ということだから、日本人はなんと感性が高いことかと日本語の美しさにうっとりする。

この手帳をはじめたのは、陶芸の学校を卒業し、修業のため京都を離れることになったときだ。大学の友人もちょうど故郷へ帰るタイミングで同時に京都を離れることになり、お互いの激励会をした。その会で私たちは、自分たちのことを「あけぐれの時期」と名付けた。ここから何があっても、今の初心を忘れずに学んでいこう。ここから数年は、恋人や友人はつくらずに、修業に邁進しよう。夜明け前のこの時期のことを忘れずにいよう。そういったことを誓い合って京都を離れた。そしてその覚悟を忘れないように、私はその日からつけはじめたノートに「あけぐれノート」と名付けた。

たまに、20年近く前のノートをペラペラとめくる。もう何を書いたのかも覚えていない。しかし久しぶりにめくったノートに書かれた文字を見ているうちに、ありありとそのときの感情がよみがえってくる。窓をあけて空気を入れ替えるように、昔のノートをあけて風を入れてあげると、等身大で綴られている文字たちが、また動き出す。

自分が亡くなったときに、だれかに憶えていてほしいという個性ではなく、見えなくなるけど在り続ける。そんな個の存在を目指してみたい。

今、何度目かのあけぐれの時期なのかもしれない、と思った。

人を愛するということ

世界中で、あまたいる歌手が愛の歌をうたい、毎日たくさんの人が大切な人に愛を伝えようとも、「愛する」という言葉は、いまだに定義が非常に難しい言葉だ。

私にとっても、この言葉を心から理解するに早い。言葉にすればするほど、するっと手からこぼれてしまうものがある。でも現時点で私は「愛とは生かすこと」と定義している。

レイチェル・カーソンは『沈黙の春』で、「in nature, nothing exists alone」（自然界には、単独で存在するものはない）と説いた。見渡してみると、たしかにそうだ。すべては網の目のつながりの中にいる。あなたと大切な人が出会えたのは、紹介してくれただれかのおかげかもしれないし、何かのタイミングでだれかがあなたの行動を促したからかもしれない。

この仕事をもらうことができたのは、どこかでだれかがあなたの良い噂をしてくれたからかもしれない。キーパーソンと出会えたこと、ビジネスで成功したこと、最高のパートナーと巡り合えたことなどなど。人生の転機になったことは、遠くの人の行動のつながりのおかげだと気がつくことがある。

それを日本語では「ご縁」という。すべてはつながっている。目立って見えているものの影には、目立たないところで必ず下支えしている何かがある。そしてそれはたいてい目を凝らしてみないと見えないものだ。

私たちはずっと、世界は「交換」で成り立っていると思ってきた。見えるものしか見てこなかったからだ。たとえば、愛した分だけ愛し返してくれるとか、払った分の費用対効果がないと損だとか、何かを与えたら、返してもらうことばかりを考えてきた。

わかるけどね。だって、高いお金を払ってサービスが良くなかったらがっかりするもの。大好きだと言った分だけ、大好きを返してほしい。できれば自分の大好きよりも、ちょっとだけ上乗せして返してほしい。そう思うのは当然で、不思議ではない。

でもそればかりだとね、どんどんと期待していってしまう。自分だけを見てくれなきゃいやだとか、だれかを独り占めしたいとか。そのように何かを独占することで安心を得ることにつながってしまう。そういう「排他的な愛」は、そろそろ私の人生に必要ないのかも、と最近ふと気がついてから、大きく自分の在り方が変わった。

GIVEしたものは、どこか別のところから勝手に返ってくる。だから、すぐに返ってこなくとも、どんどん次に送っていけばいい。そういう、ありのままで普遍的なものを中心に、世界を構成していくことにした。すると自分から発する愛が、大きな輪になって循環するようになった。自分が発したものよりも、もっと大きくなって戻ってくる気がした。

「ママ、人はなぜ恋愛したりするの？　恋愛ってなに？」

ある夜、10歳と7歳になる娘たちが質問をしてきた。私は、すこし間を置いて答えた。

「うん、教材かな。愛を知るための」

娘たちは「ふーん」と言いながら子ども部屋に戻っていった。

いいぞいいぞ！　君たちの春と秋はまだまだたくさんある。多様な時代、人の愛し方もどんどん変わっていくだろう。その時々で、人も自分も生かしていける選択ができたら、と願う。

拡張兄弟のはじまり

ある夜のこと。保育園の友だちに影響されたのか、次女が言う。

「兄弟がほしい。もっとたくさんで住みたい」

「わかる！」と長女。

拡張家族という形で生活してきたが、たしかに彼女たちの兄弟となるような年代の人はいなかったな。ちょうど私もコロナが終わって、泊まりの出張も増えてきた。シッターや家事補助サービスは世間に増えてきたが、さくっと来てくれる泊まり込みのシッターサービスというのが、世の中にあまりない。そして、サービスの安全性を重んじるあまり、決まりごとが多かったり、できることが厳しく設定されすぎていたりして、すこし使いづらいところもあった。

よし、あたらしいシッターグループをつくろう。そう思い立ち、最近たまに遊びにきてくれる京都大学の男子に相談した。「無いならつくる！」がわが家のモットーなのである。

彼に概要を伝えたところ、「おもしろそうなので僕も立候補していいですか?」と言って、ほかの後輩の人選までしてくれた。そんなこんなで、現役京大生と、京大OBの5名くらいで独自のシッターサービスがはじまった。兄弟がほしかった娘たちのために、「拡張兄弟」と名付ける。

説明するときは、「文字通り兄弟が拡張してるってことなの。子どもたちの兄弟みたいになってもらえるとうれしいです。ちなみに、この兄弟（きょうだい）は、京大（きょうだい）とかけているんだよね。学閥ではないんだけど」と言っては、ひと笑いいただく。

数ヶ月経ち、何度か子どもを預かってくれた拡張兄弟の一人が自分の変化を伝えてくれた。

「僕、街中の保育園の声が、ほほえましく聞こえるようになったんです。駐輪場で隣の自転車が子ども座席付きのママチャリでも、うっとおしく思わないようになりました」

うれしいなあ。

「実は私も、昔は子ども座席付きの自転車がダサいと思ってたの。今ではなんだかカッコよくてフェラーリに見えるよ。しかも、たいてい爆走してるからね」と言って笑った。

察しのいい人は、1を聞いて10を知ることができる。しかし、知っていることと、体験したことの差は大きい。実体験に伴う見え方の変化は、人生でも強烈なものだと思う。

子どもを産む前は、子育て世代が欲していることをリアルには理解できない。自分が不便をしなければ、ユニバーサルデザインの必要性はわからない。海外に行かなければ、日本を俯瞰して見ることはできない。世の中は、見えているようで見えないことばかりなのである。

私にもよい変化があった。20代の若者が、どういう視点で世の中を見ているかを、よく知ることができた。10歳ちがいの友人は上にも下にも多いが、20歳ちがいとなると、なかなかいない。

40代の私。30代の友人。10歳以下の娘たちのあいだを拡張兄弟たちがちょうど橋渡ししてくれ、不思議な年代のグラデーションができあがっていた。

だれかが不必要にマウントをとらない。ジャッジをしない。同じテーブルの上で行われる会話。大人から子どもまでがフラットに入り混じって、それぞれの目線で意見を言い合う。赤と青の間に、美しい紫のグラデーションができたとき、それは一枚の美しい空になるような気がした。

大人と子ども。

社会人と学生。

男と女。

サービスを受ける側と与える側。

白人と黒人、アジア人。

二分化すると扱いづらい世界も、あいだにステップがあると急に理解が深まる。そのあいだにも無数のグラデーションがあることは、その存在があってようやく理解できる。これこそが、多様性を受け入れるってことなのではないか。

このシステム、もちろんアルバイトとしての一定の金銭の交換はあるが、願わくば、金銭以上の得るものがあってほしい、と思う。子どたちと触れ合うことで、子育てのこと、社会のシステム、無意識に自分から生じる小さきものへの愛情などに気づいてくれたら本望だなと思う。

大きな世界で見えにくい循環は、小さな世界だと見えてくる。巨大すぎて本質が見えなくなったときは、まずは小さく理想郷をつくっていけばいい。そしてそんなつながり方は、もうはじまっている。コミュニティと言われる小社会が、大きな社会よりも、より安全で安心した拠り所をつくってくれている。いくつかのコミュニティにまたがって、蜘蛛の巣状に広がっていく。

春になると、最初に手をあげてくれた拡張兄弟の一人が、大学を卒業し、東京へ行く。きっと、また訪ねてくれるはずだ。実家に帰ってくるみたいに「ただいま」と言って。

あとがき

歩きやすい靴をはいて玄関の扉をあけると、心地よい風が頬に当たる。湿度の少ないカラッとした風。さらさらと木の葉が重なり合う。

地球上の風は、世界を巡り巡り、日本列島を吹き抜けるときにさまざまなことを伝えてくれている。このことに気がつけば、毎朝玄関で出会う風の味わいがとても新鮮なものになる。五感が、瞬時に記憶から呼び寄せる情報量はとても多いのだ。

世界の「あたりまえ」と戦い続けてきた人々。

――普通ってなに？

――合理的ってそんなに大事なこと？

――世の中の決めた美しさの基準からのがれられないの？

世間に向けていた目線を、すこし自分のほうに向けて、問うてみる。

自分を支えているもの、自分が心地よいこと、自分が一番大切にしていることは何か。そして、問い続けた先で、考えることもすこし隣において、風を感じてみる。終わらない思考は、風に乗って自分のもとを離れ、世界を回っていく。地球を巡り、歴史を旅し、さまざまな価値観や愛にふれて、またあたらしい考えとして再会する。

そろそろ戦うのをやめにしよう。

心地よい風が吹き抜けるように、みなさんが自然に答えに導かれ、あたらしい「幸せ」の形を見つけられたらと願う。

最後に、この本を執筆するにあたり、私の言葉をとても大切に扱ってくださった大和書房の編集者八木麻里さん、いつもご縁をおつなぎいただき伴走くださる作家エージェントの渡辺智也さん、本当にありがとうございました。

また、日々私にたくさんの気づきをあたえてくれる、本書にも登場した大切な友人たちと子どもたちにも、深く感謝いたします。

2024年9月　SHOWKO

SHOWKO　ショウコ

陶芸家、SIONE主宰、スプリングショウ代表取締役
京都にて330年の歴史のある茶道具の窯元「真葛焼」に生まれ、茶道をはじめとした日本文化が日常にある家庭で育つ。佐賀県での陶芸修業を経て、京都に戻り自身の工房をスタート。2009年に法人化し「読む器」をコンセプトにした陶磁器ブランド「SIONE」を立ち上げる。銀閣寺近くに旅館を改装した直営店をオープンし、ミラノ、パリ、中国、台湾ほか、活躍の幅を世界に広げている。また、京都の老舗企業「福寿園」をはじめとする他社の新規事業立ち上げやブランディング、コンサルティングなども手掛ける。現在は工芸の哲学を活かしたコーチング「感性の学校」や、リトリート事業の立ち上げなど、「いま」を生きる人々の人生を心地よく幸せにしていく活動にも注力している。臨済宗妙心寺派にて得度。著書に『感性のある人が習慣にしていること』(クロスメディア・パブリッシング)、『私らしい言葉で話す』(CCCメディアハウス)がある。

装丁・本文デザイン　高瀬はるか
装画・本文イラスト　杉本さなえ
編　集　八木麻里（大和書房）

心《こころ》に気《き》持《も》ちのよい風《かぜ》を通《とお》す

自分《じぶん》の価値観《かちかん》をあたらしくしていく思考《しこう》レッスン

2024年10月30日　第1刷発行

著　者　SHOWKO《ショウコ》
発行者　佐藤 靖
発行所　大和《だいわ》書房
東京都文京区関口1-33-4
電話　03-3203-4511

DTP　マーリンクレイン
本文印刷　光邦
カバー印刷　歩プロセス
製　本　ナショナル製本

ISBN978-4-479-78613-9

http://www.daiwashobo.co.jp